Wo GÖTTINNEN das Land beschützten

Sophie Lange

Impressum

Wo Göttinnen das Land beschützten

Matronen und ihre Kultplätze zwischen Eifel und Rhein

Sophie Lange

2. Auflage 2025

Ein Imprint der Kraterleuchten GmbH,
Gartenstraße 3, 54550 Daun
Verlagsleitung: Sven Nieder

Bei Fragen zur Produktsicherheit wenden Sie sich an:
gpsr@kraterleuchten.com

Gestaltung: Björn Pollmeyer
Fotos: Sophie Lange, Privat (6, 127), Franz-Josef Kochs (51, 192), Bärbel Mingers (76), Archiv Sophie Lange (122, 176), Bonner Jahrbücher, Heft 125 (146)

Die Karte auf Seite 117 wurde von Inkatlas.com erstellt.
Copyright OpenStreetMap contributors (openstreetmap.org), OpenTopoMap (CC-BY-SA).

Gedruckt in der Europäischen Union, Bookpress, PL

ISBN 978-3-946328-70-4
www.eifelbildverlag.de

Sophie Lange

Wo GÖTTINNEN das Land beschützten

Matronen und ihre Kultplätze zwischen Eifel und Rhein

Eifelbildverlag

INHALT

Die Autorin vor den Matronensteinen in Nettersheim, alter Standplatz

PROLOG

Wenn ich Gruppen zu den gallo-römischen Matronentempeln in Nettersheim und Nöthen/Pesch führe und über die Göttinnen der Vergangenheit berichte, fragt mich im Laufe der Exkursion fast immer jemand: »Wie kamen Sie eigentlich zu den Matronen?« Darauf gibt es meinerseits eine ganz klare Antwort: »Ich bin nicht zu den Matronen gekommen, die Matronen kamen zu mir.« Manchmal erzähle ich dann, wie alles anfing.

Im Tal der wogenden Nebel[1]

Es war an einem Junitag, so nach 1970. Wir hatten Ferienkinder zu Besuch und unternahmen jeden Tag etwas; wanderten durch den Wald, radelten zu Nachbarorten, machten Picknick. Heute hatten unsere Kinder einen besonderen Wunsch: »Wir möchten eine Nachtwanderung machen.« Davon waren auch die Ferienkinder begeistert.

Kurz vor 22 Uhr brach ich mit den Kindern auf. Unsere Hündin begleitete uns. Vorsichtshalber nahmen wir eine Taschenlampe mit. Als wir aus dem Haus gingen, waren die Kinder aufgeregt und ausgelassen. Von Müdigkeit keine Spur! Sobald wir das Dorf hinter uns gelassen hatten, wurden sie ruhiger. Auch die Hündin, die bis jetzt ungeduldig an der Leine gezerrt hatte, ging nun brav bei Fuß.

Es war ein schöner Abend, mild und friedlich. Sanft ging die Abenddämmerung in die Nachtdunkelheit über. Der Mond stand voll am Himmel; Sterne waren jedoch nicht zu sehen. Wir stiegen von der Nettersheimer Höhe hinab ins Schleifbachtal und warfen dabei einen Blick nach rechts auf den Resterberg und den Galgenstrunk. Bereits von der Höhe aus sahen wir, dass feine Nebelschwaden das Tal durchzogen. Als wir weitergingen, schien es, als ob der Abendnebel uns entgegen kroch. Schon bald hatten uns die kühlen, feuchten Schleier erreicht, wallten um uns herum und hüllten uns schließlich ganz ein. Der Nebel schluckte jedes Geräusch; selbst unsere Schritte waren nicht mehr zu hören. Wir rückten näher zusammen.

Mir wurde ganz eigentümlich zumute. Es war mir, als ob ich auf federleichten Wolken ging, auf wolligweicher Watte. Die Erde hatte sich aufgelöst, zumindest hatte ich den Boden unter den Füßen verloren. Und auch mein Körper löste sich langsam auf; er war kaum noch vorhanden. »Lasst uns zurückgehen«, sagte ich mit belegter Stimme. Doch davon wollten die Kinder nichts wissen. So marschierten wir weiter und bogen unten nach rechts in den Talweg ein, der entlang des Schleifbachs in Richtung Marmagen zu den Quellen des Baches führt. Eingeschlossen wurden wir von den kleinen Anhöhen zu beiden Seiten.

Auch die Kinder wurden von der geheimnisvollen Atmosphäre eingefangen. »Unheimlich!« flüsterten sie und die Kleinste meinte: »Ich sehe Feen, da unten am Bach!« Alle schauten gebannt in die Richtung, nur der Größte blieb unbeeindruckt. »Das ist der Nebel, der wallt und wogt hin und her und das sieht dann aus wie irgendwelche nebelhafte Gestalten.«

Ich schritt noch immer wie auf Wolken. Mir war schwindlig, alles drehte sich, und ich befürchtete, einfach umzukippen. Ich atmete tief durch. Langsam wurde mir bewusst, dass ich zwar das Gefühl hatte, das Gleichgewicht zu verlieren, aber dass ich doch nicht umfiel, nur etwas wankte und schwankte. Irgendetwas hielt mich aufrecht. Das beruhigte mich.

Beim Weitergehen durch das kleine Tal versuchte ich herauszufinden, was die unheimliche Stimmung hervorrief. Nicht nur

Sonnenuntergang im Schleifbachtal

der immer dichter werdende Nebel am Bach jagte mir kalte Schauer über den Rücken, sondern auch der Hügel zu unserer linken Seite strahlte etwas Geheimnisvolles aus.

Es wurde dunkler und dunkler im Tal der wogenden Nebel. Der Mond war hinter dem langgestreckten Hügelrücken untergetaucht. Die Hügelkuppe wurde jedoch von einem zarten Licht erhellt, das jedoch nicht von oben kam, sondern in Form von Erdstrahlen aus dem Boden hervordrang. Ich blieb stehen und schaute fasziniert nach oben. Obwohl ich noch nie auf dieser Hügelspitze gewesen war, schien es mir, dass ich dort etwas finden könnte, was ich vor langer Zeit verloren hatte und schon seit Ewigkeiten suchte. Ein unfassbares Sehnen, gepaart mit einer tiefen Traurigkeit, ergriff mich. Was hatte ich verloren? Konnte ich das Mysteriöse wiederfinden? Oder war es greifbar nahe und doch nicht greifbar?

Bei diesem Gedanken geschah es: Urplötzlich sprang mich von hinten etwas an, genau in den Nacken, dort, wo die Angst hockt. Ich schrie auf und schlug voll panischer Angst wild um mich. Da spürte ich, dass etwas meine linke Wange streifte, wie eine eisige Geisterhand, wie ein gespenstiger Schatten. Ich stand wie erstarrt, mit offenem Mund, konnte keinen Schritt mehr weitergehen, weder vor noch zurück. »Komm, wir gehen zurück!« sagte eines der Kinder ängstlich. Aber zurück wollte ich auf keinen Fall. Von hinten hatte mich doch das Unfassbare angesprungen!

Unser Großer nahm die Taschenlampe und beleuchtete mich von oben bis unten, von hinten und vorne. »Da ist nichts. Was hast du denn?« fragte er cool. »Irgendetwas hat mich gestreift!« erklärte ich zitternd. »Sicher ein Nachtvogel!« meinte er. »Vielleicht!« sagte ich. Die Hündin zog energisch an der Leine. Weiter, weiter!

Eigentlich wollten wir noch das Thomaswäldchen durchstreifen. Aber ohne Worte waren wir uns einig, dass wir nicht in den dunklen Waldweg einbiegen wollten. So strebten wir wieder der Höhe zu, von der wir gekommen waren. Als wir das Tal verließen, wurde mir besser. Das Schwindelgefühl ließ nach. Die Erde wurde wieder fest, bodenfest und sicher tragend.

Bald hatten wir den Weg auf der Höhe erreicht. Ich schaute zur gegenüberliegenden Seite. Vom Schleifbach und vom Tal war nichts zu sehen. Er war, als ob das Tal überhaupt nicht existierte. Zwischen dem geheimnisvollen Hügelzug und uns war gähnende Leere, ein graues Nichts, ein unendliches Meer von Nebeltränen – und doch waren wir durch dieses Tal geschritten.

Auf der anderen Seite sahen wir die Marmagener Strasse und Scheinwerferlichter von Autos. Dort war alles ganz normal. Der Mond stand nun wieder hell und rund am Himmel. Sterne funkelten. Immer mehr wurden sichtbar. Die Kinder versuchten, sie zu zählen, gaben aber schon bald lachend auf. »Tausend und Abertausend Millionen!« wurden sie sich über die Anzahl einig. Fröhlich ging es nach Hause. »Das war schauerlich schön, unheimlich, gespensterhaft«, erzählten sie noch tagelang.

Auch mich beschäftigte der Abend noch lange. So ein Gefühl der Auflösung hatte ich noch nie gespürt. Beim nächsten Besuch beim Arzt erzählte ich von meinem abendlichen Schwindelgefühl. »Ich verschreibe Ihnen ein paar Kreislauftabletten«, sagt er und zückte den Rezeptblock.

Ein halbes Jahr später. Wir saßen gemütlich bei einer Weihnachtsfeier zusammen. Der Nettersheimer Heimatforscher F. Jakob Schruff erzählte. Ich hörte ihm fasziniert zu. Er sprach leise, flüsterte fast: »Im Felsenmeer oberhalb des Rosentals habe ich einmal vor Weihnachten, zur Wintersonnenwende, eine ganze Nacht zugebracht. Was ich da erlebt habe, glaubt mir niemand.« Erst nach wiederholtem Nachfragen berichtete er von einer wilden Schlacht zwischen Kelten und Römern, von einem chaotischen Getöse und Gedröhne, von vielen Toten auf beiden Seiten. »Ich habe es genau gesehen«, betonte er, »und ich bin fest davon überzeugt, dass zur Römerzeit eine wichtige Schlacht hier bei Nettersheim stattgefunden hat – und dass die Seelen der gefallenen Krieger dort noch herumspuken.« Ich glaubte es ihm. »Man muss nur zum richtigen Zeitpunkt am richtigen Ort sein, dann kann man in die Vergangenheit zurückfinden«, erklärte er mir. »Es gibt Menschen, die ein Gespür für längst vergessene Ereignisse und für magische Plätze haben«, schloss er, »sie erleben etwas Geheimnisvolles, Unerklärbares, wissen aber nichts mit diesem seltsamen Empfinden anzufangen.«

«Kreislauftabletten!« sagte ich. Als er mich erstaunt ansah, erzählte ich ihm von meinem Erlebnis im Schleifbachtal und dass es mir da ganz komisch gewesen sei. »Wann war das denn?« fragte er interessiert. »Im Juni«, antwortete ich. »Vielleicht zur Sommersonnwende? Zum Sommeranfang?« fragte er weiter. Ich zuckte die Schultern. So genau wusste ich es nicht. Aber es konnte die Zeit des längsten Tages und der kürzesten Nacht gewesen sein. »Die Stelle, wo das passiert ist, müssen Sie mir einmal zeigen, ganz genau zeigen«, sagte er schließlich.

Einige Tage später gingen wir ins Schleifbachtal. Jetzt, am helllichten Tag, hatte das Tal gar nichts Geheimnisvolles. Ich deutete auf den Hügelhang, der mir so verzaubert erschienen war. Auch jetzt spürte ich eine mystische Anziehungskraft. Mein Begleiter sagte nichts, nickte nur mehrmals vielsagend.

Erst später, bei ihm zu Hause, berichtete er mir von dem Matronentempel, den man im Jahre 1909 auf dem Hügelhang, der sogenannten Görresburg, freigelegt hatte, über den man dann aber im wahrsten Sinne des Wortes Gras hatte wachsen lassen. Nichts mehr war dort von einem antiken Bauwerk zu sehen. Und er berichtete von den gütigen Göttinnen, die so inbrünstig von den Einheimischen und den römischen Legionären verehrt wurden. »Was Sie da berührt hat, ist wohl klar«, meinte er schmunzelnd. »Die Matronen. Die Göttinnen aus nebelhafter Zeit wollen wohl, dass Sie sich ein bisschen um sie kümmern.« Er kramte in seinen Unterlagen und gab mir einige Berichte über die göttliche Triade.

Mein Interesse war geweckt und als 1976 der kleine Tempel in seinen Grundmauern wieder freigelegt und nachgebaut wurde, verfolgte ich alles mit großer Wissbegierde. Dass der Tempel der Matronae Aufaniae auf die Zeit der Sommersonnenwende ausgerichtet ist, entdeckte ich jedoch erst viele Jahre später.

»So war es«, erkläre ich meinen Exkursionsteilnehmern. »Ich bin nicht zu den Matronen gekommen, die Matronen kamen zu mir – wohl zufällig.« War ich rein zufällig zum richtigen Zeitpunkt am richtigen Ort gewesen? Zu Sommerbeginn im Tal der wogenden Nebel, dort, wo Göttinnen einst das Land beschützten? Oder war alles doch kein Zufall?

TEIL 1

Als Matronen noch Göttinnen waren

Wer mit offenen Augen das Land zwischen Eifel und Rhein durchstreift, stößt wiederholt auf steinerne Denkmäler mit drei Frauengestalten. Diese Relikte aus vergangenen Zeiten sind meist durch Zufall ans Tageslicht gekommen. Manche Monumente (wenn auch nur als Abgüsse) stehen noch an ihren ursprünglichen Plätzen in einem ehemaligen Tempel, andere demonstrieren Denkmalcharakter an Touristenorten. Wieder andere sind erst nach genauem Hinsehen an oder in alten Kirchen zu entdecken. Die meisten findet man natürlich in Museen.

Die drei Damen, die in Stein geschlagen die Jahrhunderte überlebt haben, sitzen innerhalb einer Nische auf einer Bank. Ihre Haltung ist voller Würde, so dass der Eindruck des Thronens entsteht. Die Frauen sind mit wallenden Gewändern bekleidet, die beiden äußeren tragen große Hauben, die mittlere lässt ihr Haar offen auf die Schultern fallen. Es ist ein Halsschmuck zu erkennen, der oftmals die Form einer Mondsichel hat.

Im Schoß tragen die Frauen vorwiegend Schalen mit Früchten. Mit den Händen schützen sie die Gaben der Erde, aber sie beschützen auch die Kraft ihres Schoßes, der gleichzeitig der

Große Göttermutter

(Köln)

Matronen-Göttin

(Nettersheim)

Schoß der Erde und der Schoß aller Dinge ist. In sich selbst ruhend, scheinen sie ein längst verloren gegangenes, geheimes Wissen zu hüten.

Eine jede der drei Frauen sitzt für sich allein und scheint ganz in sich selbst versunken zu sein – und doch ist die Dreiheit eine Einheit, eine göttliche Einheit. Denn einst erfuhren die drei Frauen als Matronen in unserem Land große Verehrung. Sie halfen all denen, die mit ihren Sorgen und Nöten zu ihnen kamen und segneten das Land, das ihrer Obhut anvertraut war.

Marienstatue
(Tongeren)

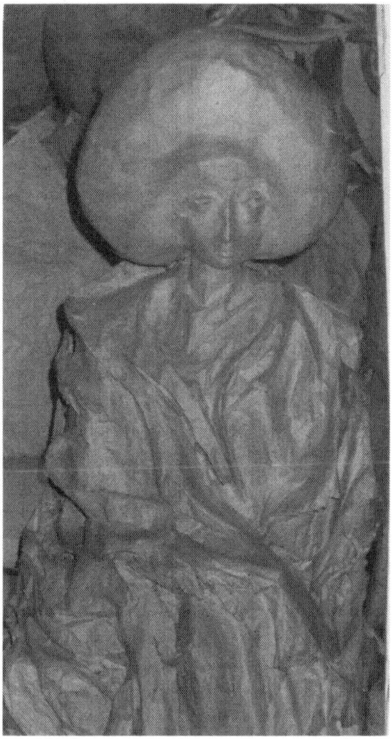

Matronen-Nachbildung, Pappmaché
(Marianne Pitzen, Frauenmuseum Bonn)

Das Wort Matrone

Der Begriff Matrone ist zwar heute noch im deutschen Sprachgebrauch bekannt, verschwindet aber immer mehr aus unserem Wortschatz. Bei Befragungen assoziieren die meisten die Matrone mit einer älteren Frau, die schwer an der Last der Lebensjahre und der Schwere ihres Körpers zu tragen hat. Der Matrone wird unterstellt, dass sie ihre Position als eigenmächtige Hausvorsteherin nicht an ihre inzwischen erwachsenen Kinder abtreten will und dass sie die Hausbewohner tyrannisiert, allerdings nicht durch Worte oder Taten, sondern allein durch

Hohlweg von dem Matronentempel Görresburg in Nettersheim zum Schleifbachtal

ihre matronale Haltung. Und doch schimmert bei dem Wort Matrone auch heute noch etwas von Macht und Magie der weisen Alten durch. Das lateinische Wort matrona meint jedoch ausschließlich eine einflussreiche, verehrungswürdige Dame, deren Lebenserfahrung und Weisheit gefragt ist. Bei den Römern bestimmte die »matrona« als Vorsteherin des Hauses auch die religiöse Ausübung. Die Gottheit der Hausherrin war für Familie, Kinder, Hausangestellte und Sklaven bindend.

Gebräuchlich war das Wort Matrone auch in Bezug auf heilige Frauen, die als Jungfrauen, Witwen und Matronen unterschieden werden. Die heiligen Matronen waren Frauen, die im Stande der Ehe starben. Sie stellen den kleinsten Prozentsatz in der Schar der weiblichen Heiligen. Es scheint also gar nicht so einfach zu sein, gleichzeitig verheiratet und heilig zu sein.

Verschwunden aus unserem Wortschatz ist die Bezeichnung Matrone für den Begriff Beschützerin. Die Schutz-Matrone wurde während einer frauenfeindlichen Sprachentwicklung zur Schutz-Patronin. In dieser Wortvergewaltigung bestimmt allein das Anhängsel »in« die Weiblichkeit.

Weit zurück führt der Weg in die Zeit, als Matronen noch Göttinnen waren. Unter dem Sammelbegriff Matronen wurden sie von den Römern verehrt, die von der einheimischen Bevölkerung die religiöse Vorstellung von drei segenspendenden, weiblichen Wesen übernommen hatten. Vor allem Legionäre und zugewanderte Bevölkerungsgruppen stifteten den drei Schutzgöttinnen steinerne Altäre.

Urreligionen und die große Göttin

Seit Urtagen ist Religion die geistige Lebensform der Menschheit. Schon in Urzeiten waren nomadisierende Jägerinnen und Sammlerinnen sich sicher, dass neben der sichtbaren eine unsichtbare Welt existiere, deren übernatürliche Wesen das Leben auf der Erde schaffen, beschützen, aber auch bedrohen und vernichten konnten. Damit diese allmächtigen Kreaturen den

Menschen gut gesonnen waren und blieben, mussten die Menschen ihnen mit Anrufungen, Gebeten, Opfern und Feiern huldigen.

Urreligionen waren stets Naturreligionen. Der Kreislauf von Werden, Wachsen und Vergehen sowie der Rhythmus der Jahreszeiten bestimmten das praktische und geistige Leben. Die Menschen beobachteten den Lauf der Sonne, den Stand des Mondes und der Gestirne, erkannten Gesetzmäßigkeiten und feierten in Ritualen die Allmacht des Kosmos an bestimmten Sonnentagen und in markanten Mondnächten. Sie zeigten große Ehrfurcht vor den göttlichen Geheimnissen und vor den Urgewalten der Natur.

Da religiöse Vorstellungen sich oftmals unabhängig voneinander über weite Gebiete ausbreiteten, spielten beispielsweise pfeilerartige Steine – Menhire genannt – in weiten Gebieten Europas als Kultobjekte, Sichtzeichen und Kalendersteine eine bedeutende Rolle. Der Brauch drang von Westen auch in das linksrheinische Gebiet, und so standen vorwiegend auf Anhöhen auch hier Menhire.

Aus unterschiedlichen Zeiten und von verschiedenen Orten der Erde gibt es Hinweise auf eine Große Göttin. Da die religiösen Ansichten stets Gesellschaftsformen widerspiegeln – wie im Himmel so auf Erden, wie auf Erden so im Himmel –, können aus Hinweisen auf eine »Große Göttin« Rückschlüsse auf die Stellung der Frau gezogen werden. Jede Frau war Abbild der Urgöttin und damit machtvoll und verehrungswürdig.

Unsere Ahninnen »besaßen« nicht die Macht, sondern verkörperten diese als Zeugnis ihrer schöpferischen Frauenkraft und ihrer weiblichen Würde. Diese Lebensenergie wurde ihnen zuteil durch die Große Göttin, die Allmutter der kosmischen Kräfte. Von den tiefsten Regionen der Unterwelt bis in die obersten Sphären des Sternenhimmels reichte ihre göttliche Macht. Sie spendete nicht nur das Leben, sondern beschützte es auch. Außerdem begleitete sie die Toten in den Schoß der Mutter Erde, um sie eines Tages wieder zu gebären. Sie schaltete und waltete über Leben, Tod und Wiedergeburt.

In früher Vorzeit gebar die Große Mutter alles Leben parthenogenetisch. Die Frauen waren überzeugt, dass sie, wie ihre Große Göttin, Leben aus eigener Kraft schaffen konnten und sahen lange Zeit hindurch keinen Zusammenhang zwischen Geschlechtsverkehr und Schwangerschaft. Einen Vater gab es quasi nicht, so dass Frauen allein verantwortlich waren für ihre Kinder. Die Söhne wurden schon in frühen Kinderjahren in den getrennten Lebensbereich der Männer überführt, wo sie die Jagd und das Kriegshandwerk erlernten. Die Mädchen wuchsen bei den Frauen auf, suchten Heilkräuter im unwegsamen Gelände, übten das Heilwesen aus, hüteten das Feuer und bereiteten die Speisen. Aber auch Kampf und Jagd waren ihnen nicht fremd. Jedes Mädchen wuchs im Schutz einer leiblichen und einer geistigen Mutter auf. Die leibliche Mutter sorgte für das körperliche Wohl, während die geistige Mutter spirituelle Beraterin, Führerin, Schutzgeist, Gode war. Das Wort »Gode« bedeutet nichts anderes als Göttin. In den Eifeldörfern ist »Gode« oder »Jött« für die Patin noch allgemein üblich.

Als die Menschen den Anteil der Männer bei der Zeugung eines Menschenkindes erkannten und anerkannten, wurde das Matriarchat immer mehr geschwächt, bis es schließlich von einer patriarchalen Gesellschaftsform – langsam aber kontinuierlich – vereinnahmt wurde. Die kosmische Göttin, die nun neben vielen Göttinnen und Göttern bestand, verkörperte weiterhin das Weibliche als die Quelle des Lebens, sowohl in der Natur als im Menschenleben und hier nicht nur in der körperlichen Fortpflanzung, sondern auch in spiritueller Form. Als Mutter Natur und Mutter Erde offenbarte sich die kosmische Göttin in der Natur selbst, so zum Beispiel in Quellen und Bächen, in Höhlen und Steinen, auf Bergen und Hügeln. Vor allem manifestierte sie sich in Bäumen.

Vor ca. 8.000 Jahren hatten Frauen mit Erfolg die Kultivierung von Getreide und Heilpflanzen durchgeführt und dadurch ein Sesshaftwerden ermöglicht. Sicherlich waren die Frauen maßgebend daran beteiligt, die ersten Plätze für Siedlungen und für heilige Stätten auszusuchen. Um das tägliche Leben an ein und demselben Platz bewältigen zu können, mussten sie genauestens die Naturgesetze erkennen und verstehen.

Es war für sie selbstverständlich, dass sie die Natur nicht nur beobachteten, sondern auch achteten und liebten, war diese doch ihre Lebensspenderin, ihre Mutter und Göttin. Neben der Großen Mutter und anderen bedeutenden Gottheiten wurden einheimische Göttinnen und Götter verehrt, die für ein bestimmtes Landschaftsgebiet zuständig waren, die jeweiligen Siedlungen unter ihren besonderen Schutz nahmen und Mensch und Tier, Feld und Flur, Haus und Hof segneten. Zu diesen lokalen Genien gehören die Matronen.

Religionen der Kelten, Germanen und Römer

Seit dem 5. Jahrhundert vor unserer Zeitrechnung berichten antike Schriftsteller über die Kelten, die von Osten kommend weite Teile Europas besiedelten und gemeinsam mit der Urbevölkerung in kleinen Ansiedlungen lebten. Den Frauen sicherte die keltische Kultur umfassende Rechte; Frauen waren den Männern gleichgestellt. Oberhaupt der Großfamilie konnte sowohl eine Frau als auch ein Mann sein. Mehrere Familien bildeten eine Sippe mit eigener Rechtsprechung und mit eigenen Gottheiten.

Von der Religion der Kelten wissen wir nur wenig, da diese nichts darüber niedergeschrieben haben, obwohl sie sich in Staats- und Privatgeschäften der griechischen Schrift bedienten. Druiden (Priester, Philosophen, Dichter, Politiker und Richter) betrachteten es als Vergehen, ihre Lehre schriftlich niederzulegen. Der Nachwuchs musste in 20-jähriger Lehrzeit Religionspraktiken und Verse in großer Zahl auswendig lernen. Diese mündliche Übermittlung verhinderte Stagnation, so dass die keltische Religion stets lebendig und wandelfähig blieb. Außerdem schützte sie vor unerwünschter Übernahme durch fremde Völker.

Aus spärlichen Siedlungs- und Gräberfunden, aus Darstellungen auf Münzen und aus keltischen Sagen lassen sich zumindest

Blühendes »Eifelgold« an dem Matronentempel Görresburg in Nettersheim

einige Schlüsse auf das geistige Leben der Kelten ziehen. So wird deutlich, dass ihr Glaube an die unsichtbare Welt sich zunächst ausschließlich in der Natur manifestierte, aus deren großen Allmacht erst nach und nach zahlreiche Gottheiten erwuchsen, welche die einzelnen Seiten und Züge der Allgottheit verkörperten.

Durch Beobachtungen erkannten die Kelten die heilige Offenbarung im Wachsen und Vergehen der Natur. Dadurch, dass ihnen die Gesetzmäßigkeit auf Erden und am Himmel klar wurde, waren auch menschliches Leben und Sterben eingefügt in eine natürliche Ordnung. Erkannte man das Wesen der Natur, so wurde diese Wesenheit schließlich zu Teilen der göttlichen Allmacht. Die Gestirne des Himmels waren das Licht der Götter, das Wasser war die Mutter des Lebens und die Bäume fungierten als Sitz der Gottheiten. Da die Kelten mit offenen Augen und wachen Sinnen den Wandel der Jahreszeiten beobachteten, war die Grundlage für Kulte und Verehrungsriten zu bestimmten Tagen und Nächten nur eine logische Folge.

Das Bauernjahr begann am 1. Mai (Beltane) und endete am 1. November (Samhain). Halbiert wurde die Sommerzeit durch das Schnitterfest am 1. August (Lugnasad). Das Winterhalbjahr wurde am 1. Februar durch ein Vorbereitungsfest auf den Frühling (Imbolc) abgeschlossen. Die Sonnenfeste sind identisch mit unseren Jahreszeitenfesten von Frühling-, Sommer-, Herbst- und Winteranfang. Besonders die zwölf Nächte nach der Wintersonnenwende waren für die Kelten eine magische Zeit.

Weibliche und männliche Gottheiten hielten sich bei den Kelten die Waage. In Britannien war Brigid die große Erd- und Himmelsgöttin, die bei den Kontinentalkelten als Rosmerta ihren Platz fand. Bekannt waren aber auch die Eulengöttin Rigani, die Fruchtbarkeits- und Unterweltgöttin Nantosuelta, die Pferdegöttin Epona, die Waldgöttin Nemetona, die Himmelsgöttin Sirona, die Schwarzwaldgöttin Abnoda, die Bärengöttin Artio und die Beschützerin von Ardennen und Eifel Arduinna. Männliche Gottheiten waren u.a. Cernunos, Lug, Esus, Sucellus, Teutates, Taranis und Taranucnus.

Die Kontinentalkelten westlich des Rheins wurden Gallier genannt. Zwischen Rhein und Maas, in den Bördelandschaften bis hin zur Eifel lebte der Stamm der Eburonen. Über diesen Stamm wissen wir aus dem Kriegsbericht »De bello gallico« von Gaius Julius Caesar. Bei der Eroberung Galliens hatte Cäsar die Eburonen als gefährliche Gegner kennen gelernt. Im Jahr 55/54 v. Chr. überwinterte der römische Feldherr mit anderthalb Legionen in einem Lager in Aduatuca »mitten im Eburonengebiet«. Dieser Heeresteil wurde unter Führung der Eburonenfürsten Ambiorix und Catuvolcus durch eine List vernichtet. Caesar konnte diese Schmach nicht ungesühnt lassen. So kehrte er nach Aduatuca zurück und vernichtete in einem brutalen Racheakt die Eburonen. Nur wenige überlebten das Gemetzel und flüchteten in die Eifelwälder. Der Stamm als solcher war erloschen. Auch Ambiorix konnte fliehen, sein älterer Mitstreiter Catuvolcus zog jedoch den Tod vor und vergiftete sich mit dem Saft der Eibe.

Der Kampfplatz Aduatuca ist bis heute nicht lokalisiert. Manche vermuten ihn in Atsch bei Stolberg, andere bei Zülpich, Nettersheim oder im Baduawald bei Vlatten, wieder andere in Tongeren, der ältesten Stadt Belgiens. Dort hat man bereits 1866 dem Eburonenfürst Ambiorix ein Denkmal gesetzt und inzwischen gewinnbringend in Form von Zinnsoldaten und T-Shirt-Helden vermarktet. Die Basilika von Tongeren soll bereits um 340 (eventuell sogar im 1. Jahrhundert) an der Stelle eines heidnischen Tempels erbaut worden sein. Sie wurde der Mutter Gottes geweiht und ist die älteste Marienkirche diesseits der Alpen.

Caesar schrieb über die Religion der Kontinentalkelten, dass das ganze Volk der Gallier in hohem Maße religiösen Gebräuchen ergeben sei. Aus seinem Kriegsbericht wissen wir, dass die Gallier keine Tempel für ihre Gottheiten bauten, sondern dass ein geweihter Ort (locus consecratur) als Verehrungsstätte diente. Die Opfergaben wurden zu diesem Ort gebracht, zunächst außerhalb des Hains abgelegt und von den Priestern zum Platz der Götter getragen. Auch die Kriegsbeute wurde an besonderen heiligen Stätten gelagert und den Göttern geweiht. Keiner wagte es, sich daran zu vergreifen, denn die Strafe der Götter wäre furchtbar gewesen.

Caesar verglich die gallischen Gottheiten mit den römischen, um sie seinen Landsleuten einigermaßen verständlich zu machen. Taranis wurde mit Jupiter gleichgesetzt, Lug mit Merkur, Nantosuelta mit Minerva, Sucellus und Grannus mit Apollo, Ogmios mit Herkules, Esus und Arduinna mit Mars.

Durch die Vernichtung des Eburonenstammes war zwischen Maas und Rhein ein fruchtbares Gebiet fast menschenleer geworden. Immer wieder baten die römerfreundlichen Ubier, ein Germanenstamm aus dem Neuwieder Becken, dieses Land besiedeln zu dürfen. Nach langen Verhandlungen wurde 38 v. Chr. die Übersiedlung durchgeführt. Ausschlaggebend war bei dieser Entscheidung, dass die Ubier tüchtige Bauern waren, die das Ackerland bearbeiten konnten, denn die römischen Legionäre waren auf die Bearbeitung dieses fruchtbaren Bodens angewiesen. Aber auch zum Grenzschutz wurden die Ubier eingesetzt.

Zum Hauptort dieser Umsiedler wurde Oppidum Ubiorum (Köln); größere ubische Niederlassungen waren Juliacum (Jülich) und Tolbiacum (Zülpich). Diese drei Ubiersiedlungen wurden Hauptorte der Matronenverehrung.

Die Germanen hatten eine tief wurzelnde Achtung vor den Frauen. Tacitus schrieb dazu: »Die Germanen erblicken in den Frauen so etwas wie heilige Wesen mit Sehergabe; daher beachten sie deren Ratschläge und richten sich nach ihren Wahrsagungen. Haben wir es doch selbst erlebt, wie während der Regierung des verwewigten Kaisers Vespasian die Seherin Veleda lange Zeit bei den meisten Verehrung genoss wie ein höheres Wesen. Ebenso hat man einstens der Aurinia und mancher anderen Frau derartige Verehrung erwiesen.«[2]

Das Gebiet zwischen Eifel und Rhein war jetzt von der Urbevölkerung, einem Rest der keltischen Eburonen, den germanischen Ubiern und den Römern bewohnt. In der Eifel lebten im Gegensatz zu den Legionsstädten nur wenige Römer. Der größte Teil der Landbevölkerung bestand aus Kelten und Germanen. Durch diese Mischbevölkerung entwickelte sich eine Mischkultur, die im Laufe der 500 Jahre währenden römischen Besatzungszeit zwar stark romanisiert wurde, aber niemals die ureigene Art von Kelten und Germanen verlor. Man bewahrte alt ererbte Sitten und Gebräuche, Kleidung und Kunst. Für den amtlichen Gebrauch war zwar das Lateinische eingeführt, aber Umgangssprache blieben das Keltische und Germanische.

Durch die Mischbevölkerung entstand eine Mischreligion, die jedoch die tradierte Götterverehrung nicht verdrängte. Man sah zwar die eigenen Gottheiten als große göttliche Macht an, tolerierte aber, dass andere Völker die Macht ihrer eigenen Götter für genau so umfassend hielten. So wurden neben den keltischen gleichwertig germanische Gottheiten verehrt. Zu den rein germanischen Göttinnen sind Nehalennia und Hludana zu zählen. Nehallenia beschützte am Niederrhein das Schiffertum, anderorts galt sie als Fruchtbarkeitsgöttin. Hludana wird als Verwandte der Holda (Hulda, Perchta, Frau Holle) und mit der altnordischen Fruchtbarkeitsgöttin Hlodyn gleichgesetzt, die als Sinnbild der »Mutter Erde« galt. Zu den von Odin angeführten germanischen Asen gehören Frigga, Thor und Tyr. Drei Schwestern fungierten in der germanischen Mythologie als Nornen: Urd, Herrin über die Vergangenheit, Verdandi, Herrin des Werdens, und Skuld, Herrin der Zukunft. Sie kannten und lenkten das Schicksal von Göttern und Menschen.

Die Römer ließen den besiegten Völkern nicht nur ihre Religion, sondern gingen noch einen Schritt weiter und verehrten die »barbarischen« Gottheiten, waren diese in ihrer Kultheimat doch viel mächtiger als die Götter im fernen Rom. Zu diesen von der einheimischen Bevölkerung verehrten und von den Römern übernommenen Gottheiten gehören die Dreiergöttinnen. Da die Römer nichts Synonymes für diese göttlichen Frauen bieten konnten, übernahmen sie diese unverändert und bezeichneten sie als Matronen. Angefügte Beinamen sind jedoch einheimisch, sowohl germanisch als auch keltisch.

Zusätzlich gewannen im römischen Reich orientalische Mysterienkulte eine große und beharrliche Anhängerschaft. Kultgemeinschaften aus Ägypten, Kleinasien, dem Iran und Syrien fassten im ersten und verstärkt im zweiten und dritten Jahrhundert im linksrheinischen Gallien Fuß. Durch Riten, Ekstase, Versenkung und Gottesschau, aber auch durch Wein, Räucherwerk, Tanz und Musik wollten die Anhänger eine besondere Auserwähltheit erlangen und im Trancezustand der Gottheit nahekommen. Der Kern dieser Geheimkulte war ein Naturmythos von einer mütterlichen Göttin. Diese wurde in Ägypten Isis genannt und galt als Göttin des Wassers, Herrin des Schicksals und Beschützerin der Toten. In Kleinasien wurde Kybele als Magna Mater verehrt. Gerade der Kult dieser Großen Muttergöttin vom Idagebirge in der antiken Landschaft Trojas verbreitete sich in ganz Gallien. Es gibt manche Ähnlichkeiten zwischen dem orientalischen Isis- bzw. Kybekult und dem eburonisch-ubischen Matronenkult.

Matronenstein Nettersheim

Bildwerdung der Matronen

Für die Römer gehörte es zu ihrem Gottes-Dienst, dass sie ein Bild von den Göttern schufen, das analog ein Bild für die Götter war. Nach 160 n. Chr. erfolgte die »Bildwerdung« der Matronen, durch die wir den Matronenkult hieb- und stichfest belegen können. Laut einem Baustein wurde im Jahr 161 unter dem Bonner Münster ein erster Matronentempel erbaut und im Jahr 164 ein Weihestein an die Matronen, und zwar an die aufanischen, aufgestellt. Nach seinem Stifter, dem Kölner Stadtkämmerer Q. Vettius Severus, wird der prunkvolle Matronenstein »Vettius-Stein« genannt. Er wurde lange Zeit für den ältesten Matronenstein gehalten, doch inzwischen hat man Hinweise, dass es noch ältere Matronensteine gibt, wie zum Beispiel ein Matronentorso aus Jülich beweist.

Die Frage, warum die Bildwerdung der Matronen in Bonn gerade zu diesem Zeitpunkt erfolgte, beschäftigt immer wieder die Wissenschaftler. Des Rätsels Lösung vermuteten Historiker in folgenden geschichtlichen Ereignissen: »161 beginnen die Vorbereitungen für den Partherfeldzug des Marcus, zu dem die Prima Minerva mit ihrem Legaten Marcus Claudius Fronto, also in ihrer Gesamtheit, Marschbefehl erhielt. Zwei Legionsgenerationen, dazu bereits solche, die nicht mehr aus Italien, der Narbonensis oder Hispanien rekrutiert wurden, sondern aus den zu Bürgern gewordenen Eingeborenen der Nordwest-Provinzen, hatten eine solche Totalverlegung, dazu noch in die entgegensetzte Ecke des Reiches, nicht mehr erlebt. Der Befehl mag in Bonn große Erschütterung ausgelöst haben, die sich gewiss religiös niederschlug.«[3] Doch diese Meinung wurde inzwischen widerlegt: »Mehrere Gründe sprechen gegen diese These: Zum einen ist das gesamte Wesen des Kultes auf die Bedürfnisse einer landwirtschaftlich tätigen Bevölkerung angelegt und nicht auf die Hoffnungen und Ängste von Soldaten, so dass von einer ›Erfindung‹ der Kulte durch die Bonner Legion nicht gesprochen werden kann.«[4]

Auch konnten die einheimischen Matronengöttinnen ihren Segen nicht bis zum fernen Orient ausstrahlen. Außerdem besaßen die Legionäre für Kriegsglück ganz andere Gottheiten: Fortuna, Victoria, Mars und für die Bonner Minervasoldaten sicher auch deren göttliche Namensgeberin Minerva. Wenn die Soldaten also vor ihrem Abzug für die einheimischen Matronen einen Tempel errichteten und ein Kultbild schufen, dann sicher als Bitte um Schutz für diejenigen, die zu Hause blieben, also für Frauen und Kinder. Wahrscheinlich waren die Frauen sogar die Antreiber für den Tempelbau. Sicher stand auch bei manchem Weihestein, auf dem ein Mann als Stifter genannt ist, eine Frau hinter der Idee oder auch hinter einem gegebenen Gelübde.

Die Zeit nach 160 n. Chr. war nicht nur durch den Partherfeldzug, sondern auch in anderer Beziehung auffällig. Im Jahr 161 übernahm Mark Aurel ein relativ intaktes und ruhiges Römisches Reich. Doch während seiner 19-jährigen Regierungszeit wurde das Imperium von inneren und äußeren Unruhen erschüttert. Die Chatten in Germanien, die Kaledonier in Britannien, die Parther in Syrien und besonders die Markomannen im Norden forderten zum Kampf auf. Durch Aufstände wurde in mehreren Teilen des riesigen Reichs versucht, die römische Diktatur abzuschütteln. Der Bevölkerung machten Naturkatastrophen, Hungersnöte und Epidemien – zum Beispiel die Pest – schwer zu schaffen.

Aber auch eine Klimaverschlechterung fällt in die Zeit der Steinsetzung der Bonner Matronen: »In Germanien sorgte eine Klimaverschlechterung für ein Vernässen der Böden, was besonders in der wenig entwickelten Nordzone der Germania Inferior mit ihren schlechteren Böden gravierende Auswirkungen gehabt haben muss.[5] In der Zeit von 145–285 n. Chr. ging die Temperatur auf der Nordhalbkugel um 0,75° zurück. Schlechte Zeiten forcieren erfahrungsgemäß die Frömmigkeit. So löste auch das Unheil nach 160 eine verstärkte Religiosität aus. Es wurden Gelübde gemacht und Weihesteine für die Gottheiten zum Dank für Hilfe in Not aufgestellt. Die umfassende »menschengestaltige Bildfassung« von Matronen fiel in diese Notzeiten. Die Matronen waren vorwiegend für das Wachsen der Feld-

und Baumfrüchte zuständig, die in dieser Zeit witterungsbedingt göttliche Hilfe dringend notwendig hatten.

Ein Vor-Bild des Matronenbildes fanden die Bildhauer in Matres-Denkmälern aus dem keltischen Norditalien, die aus der ersten Hälfte des ersten Jahrhunderts bekannt sind. Aber auch etruskische und griechische Einflüsse sind festzustellen. Gestalt und Form sowie Ausdruck und Ausstrahlung der aufanischen Matronen entsprechen aber vorwiegend der alten, wohl keltischen Vorstellung der vom Volk praktizierten Göttinnenverehrung.

Dass die Gegend zwischen Eifel und Rhein das Zentralgebiet des Matronenkultes war, bezeugen weit über 800 Weihesteine, die im Ubier- bzw. Eburonenland gefunden wurden. Es sind zum Teil Bildnissteine, aber auch Inschriftensteine. Zwei Drittel aller gefundenen römischen Göttersteine sind Matronenweihesteine. So wird das alte Ubierland zu Recht Matronenland genannt.

Kleidung und Aussehen

Die Darstellungen der Matronen-Göttinnen sind relativ einheitlich und zeigen nur wenige Variationen. Stets tragen die drei auf einer gemeinsamen, mit einem Tuch überhangenen Bank sitzenden Göttinnen lange, stoff- und faltenreiche Gewänder, die der ubischen Festtagstracht entsprechen. Wie die Frauen im zweiten Jahrhundert gekleidet waren, so sahen die Menschen auch ihre Göttinnen.

Die Ubiertracht bestand aus einem Unterkleid (von dem auf den Denkmälern nur der Saum zu sehen ist), einem knöchellangen gegürteten Überwurf und einem tuchartigen Mantel, der mit einer oftmals großen Schließe gehalten wird. Da derartige Gewandfibeln aus Fundmaterial der entsprechenden Zeit unbekannt sind, müssen sie aus Holz oder ähnlichem vergänglichen Material beschaffen gewesen sein. Sandalen oder eine andere Fußbekleidung sind auf den Denkmälern nicht zu erkennen.

Die Fußstellung bildet auf manchem Matronenstein eine Mondsichel.

Auf fast 95 Prozent der gefundenen Matronenbildnissen trägt jede der Frauengestalten einen Halsschmuck, entweder in Form eines Halsringes (Torques) oder einer Kette mit einem halbmondförmigen Anhänger (Lunula). Es ist bekannt, dass die Römerinnen gerne Schmuck anlegten, und auch den Germaninnen scheinen Halsreifen und Ketten gefallen zu haben. Der Schmuck hat jedoch auch Amulettcharakter. Der Torques war religiöses und weltliches Symbol der Macht, der Verehrung und des Schutzes, aber auch Ausdruck der Freiheit, des Freiseins. Einem Mondanhänger wurden magische Kräfte zugesprochen.

In ihrer Kleidung und ihrem Schmuck sind die drei Göttinnen gleich, sie unterscheiden sich aber wesentlich in der Kopfbekleidung. Die beiden äußeren Frauen tragen »voluminöse« Hauben, die das auffallendste Element der ganzen Tracht sind. Folgende Überlegungen hat man sich über die Herstellung gemacht: »Wie wir aus dem Vergleich mit Volkstrachten entnehmen dürfen, war sie [die Haube, Anm.] wohl aus Leinen geschnitten und gestärkt. Man kann sich vorstellen, dass ihre runde Form durch einen elastischen Zweig, etwa von einer Weide, gehalten wurde. Ihre Ränder scheinen für zwei Schnüre umgenäht worden zu sein, die die Haube auf Stirn und Hinterkopf festhielten. Damit man die vier Schnurenden an den Schläfen nicht verknoten und die Knoten beim Absetzen nicht wieder lösen musste, waren je zwei Enden von einer Schubhülse festgehalten. Diese ist auf mehreren Matronendenkmälern dargestellt.«[6]

Für die Ausstellung »Aufanis« im Jahr 2001 im Propstei Museum in Zülpich schneiderten einige Frauen ein Matronengewand nach. Es zeigte sich, wie schwierig es war eine große Haube herzustellen und noch schwieriger, diese zum Halten zu bringen.

Hauben waren einst Vorrecht und Pflicht der Frauen, sobald sie »unter die Haube« gekommen waren, also Ehefrauen und Mütter (oder Nonnen) wurden, denn die wulstartigen Kopfbedeckungen sind auch Merkmal des »mütterlichen Wesens«. Die

LUCRETIUS-MATRONENSTEIN aus Nettersheim

DEABUS-MATRONENSTEIN aus Nettersheim

Verhüllung des Hauptes in der Öffentlichkeit ist vorwiegend in östlichen Ländern bis heute Vorschrift für verheiratete Frauen. Die Befreiung von der Behaubung wird als Freiwerden von männlicher Abhängigkeit angestrebt. Die Stattlichkeit und Pracht der Matronenhauben lassen allerdings wenig von Unterdrückung erkennen, sondern signalisieren eher Macht und Frauenkraft. Die Matronenhauben sind überdimensional, manchmal doppelt oder sogar dreimal so groß wie der Kopf der Göttin. So sieht man die Hauben als »eine Kulttracht von religiösem Ursprung«.[7]

Gerne werden die Matronenhauben als Symbol für den Mond oder die Sonne gedeutet und mit Umzügen an Mond- oder Sonnenfesten in Verbindung gebracht. Die Größe der Hauben können aber auch darauf hinweisen, dass in ihnen etwas Geheimnisvolles verborgen ist, ein geheimes Wissen, das geschützt werden muss. Die Kopfbedeckungen werden außerdem als Wetterhauben erklärt, die bei Vegetations-Beschwörungstänzen aufgesetzt wurden. Manche Betrachter assoziieren die Hauben mit der Aura, andere sehen in ihnen bereits Ansätze eines christlichen Heiligenscheins.

Marianne Pitzen, die im Frauenmuseum in Bonn ein Matronenparlament geschaffen hat, schreibt folgendes: »Die Matronen kommen herunter von ihren Weihesteinen und machen Tagespolitik. Das Parlament der parlierenden Damen hat durchaus seine Aura der Harmonie und Geschlossenheit. Ihre staatstragenden Gedanken haben sie in ihren Hauben gut aufgehoben und untergebracht. Ihre überdimensionalen Hauben sind Speicher für altes Wissen und neue Verknüpfungen, jenseits der Zeit.«[8]

Die mittlere, deutlich jüngere Göttin weiß nichts von einem Haubenzwang. Sie trägt ihr schulterlanges Haar offen, lockig, losgelöst, aber wohlgeordnet. Das entblößte Haupt ist Kennzeichen der unverheirateten Frau, des Mädchens, der Jungfrau. Auf vielen Matronenweihesteinen ist bei der Mittelfigur ein Stirnschmuck zu erkennen, ebenfalls ein Zeichen der Jungfräulichkeit. Scheitelschmuckstücke, die in der Antike oftmals aus Gold,

Edelsteinen und Perlen angefertigt wurden, hatten ebenfalls Schmuck- und Amulettcharakter. Sie schützten vor Zauber und vor dem bösen Blick.[9] Für die Benennung der mittleren Figur als Jungfrau sprechen folgende Fakten: Die mittlere Göttin ist kleiner. Ihr jüngeres Alter ist mehr oder weniger deutlich ausgeprägt. Ihr Aussehen ist mädchenhafter. Die Göttin trägt offenes Haar. Sie trägt einen Stirnschmuck. Der Ehrenplatz in der Mitte weist sicher darauf hin, dass das Mädchen die wichtigste Person der Triade ist. Sie ist jedoch nicht diejenige, die schützt, sondern diejenige, die beschützt wird. Es gibt allerdings eine Ausnahme. Auf einem Matronenstein, gefunden in dem römischen Kastell Köngen bei Stuttgart, sitzt die alte Göttin in der Mitte, die zwei jüngeren stehen neben ihr. Ob es zwei Göttinnen oder zwei Priesterinnen sind, ist nicht eindeutig zu erkennen. Hier wird die ältere Göttin auf jeden Fall als die wichtigste dargestellt, sie hat den Ehrenplatz eingenommen. Die zwei jüngeren Frauen stehen ihr in ihrer Funktion zur Seite, unterstützen sie, helfen ihr, beschützen sie.

Die drei Matronen können eigentlich nicht als »Muttergottheiten« bezeichnet werden, denn nur zwei haben mütterliche Merkmale. Das junge Mädchen ist zwar die »potentielle Mutter«, aber sie gehört noch nicht dazu, sie bekommt den Weg erst gewiesen.

Zur Deutung der Matronen interessiert natürlich deren Gesichtsausdruck. Doch dieser scheint auf dem ersten Blick im wahrsten Sinne des Wortes »steinern« zu sein, für manche Betrachter ausdruckslos und nichtssagend. Archäologen (männliche) fällten in Ausgrabungsberichten folgende Urteile über das Aussehen der Matronen: wenig attraktiv, stämmig, robust, bäuerlich, vierschrötig, dickköpfig, kurzhalsig, matronenhaft. Man »schmeichelte« den Göttinnen auch mit dem Satz: »Wie drei Marktweiber sitzen sie in ihrer Nische.« Interessant ist, dass einige Männer negative Aspekte erblicken, obwohl gerade diese vollkommen bei den Matronen fehlen. So erklären sie, dass die Matronen auf sie bösartig und vor allem »bedrohlich« wirken. Bedroht fühlen sie sich anscheinend von der Macht, der Einigkeit und der Solidarität, welche die drei göttlichen Frauen demonstrieren. Andere glauben, dass die Matronen zu Gericht sitzen. Über wen und was fällen sie ihr Urteil?

Frauen sehen die drei Göttinnen mit ganz anderen Augen: gütig, in sich selbst ruhend, selbstsicher, hoheits-, macht- und würdevoll. Sie sind sich sicher, dass die göttlichen Damen etwas hüten, vielleicht ein geheimes Wissen oder eine besondere Gabe. Die Gelassenheit und heilige Stille, die die Göttinnen ausstrahlen, beeindrucken. »Die aufanischen Göttinnen sind von einem seltsamen Schweigen umgeben«[10], schrieb die Geschichtsprofessorin Annette Kuhn.

Die Darstellung der Matronen sehen Frauen auch als Verlagerung der matriarchalen Werte in ein patriarchales römisches System: »Die Macht der Priesterinnen und Druiden wurde gebrochen, die Göttinnen ihrer ursprünglichen Funktionen entkleidet. Aus der dreifachen Göttin wurden drei steinerne Damen, die wie drei gemütliche Ehefrauen oder Klatschtanten aussehen – gebrauchsfertig für jede Bitte und Verwendung.«[11]

Als Eltern ihren Kindern die steinernen Figuren einmal als »Tanten« erklärten, ließen die Kleinen diesen Begriff nicht gelten und erklärten, die Gestalten würden wie »Damen« oder »Königinnen« aussehen. Mich persönlich überraschte es, dass einige Frauen – unabhängig voneinander – behaupteten, dass die »Ladies« verschmitzt lächeln. Es kommt eben auf den Blickwinkel im wörtlichen und übertragenen Sinn an, aus dem die Göttinnen betrachtet werden.

Opfergaben

Wenn Kinder vor den Drei-Göttinnen-Steinen stehen, verspüren sie intuitiv das Bedürfnis, den Matronen etwas in den Schoß zu legen. Sie kramen in ihren Taschen, finden ein Bonbon, einen Kaugummi oder eine kleine Münze, die sie freudestrahlend hinlegen. Erwachsene reagieren oftmals genauso, rechtfertigen sich jedoch, dass diese impulsive Handlung nur ein Spaß sei. Andere legen ganz bewusst etwas vor die Matronenaltäre. Gründe können sein: Freude über den schönen Platz, Achtung vor der Geschichte und Ehrung der alten Göttinnen. Sicher steckt auch manchmal eine Bitte dahinter. So ist es nicht verwunderlich, dass Blumen, Körner, Früchte oder ähnliches häufig in den alten Kultstätten wie Nettersheim, Zingsheim und Pesch vor den Weihesteinen zu entdecken sind.

Die alten Gottheiten nahmen und gaben, empfingen und spendeten. Das Wort Do dhe (ich gebe, damit mir gegeben wird) galt gleichzeitig für die Menschen, die den Göttern Gaben brachten, um deren Wohlwollen für Heim und Heimat zu erbitten. Es ist wohl ein Ur-Instinkt des Menschen, dass er seinen Göttinnen und Göttern etwas Persönliches, etwas von seinem Haus, seinem Wohnort oder aber aus der Natur mitbringt. Manchmal gingen die Menschen lange Strecken, um ihre Opfer zu einem bestimmten heiligen Ort zu »bringen«. Hatte man die Götter gekränkt, so wollte man sie mit einer Gabe wieder versöhnen. Auch opferte der Mensch diejenigen Gaben, die er von den Gottheiten erflehte. Natürlich konnte eine Gabe auch ein Geschenk sein, ohne ein Gegengeschenk zu erwarten.

Ob die Stifter der Matronensteine um 200 n. Chr. noch die Gesetzmäßigkeit von geben und empfangen praktizierten? Oder forderten sie zunächst die Erfüllung einer Bitte, bevor sie den Göttinnen eine Gabe darbrachten? Auf den Matronensteinen ist meist die »sakralrechtliche Vertragsformel« VSLM zu entziffern: Votum Solvit Libens Merito = das Gelübde eingelöst gerne und nach ihrem Verdienst. Der Stifter hat also etwas erfleht und einen Weihestein versprochen, wenn die Göttinnen ihm helfen. Auf einem winzigen, vollständig erhaltenen Altärchen aus Pesch stand nichts anderes als die Buchstaben LM, wohl ähnlich den kleinen Votivtäfelchen in christlichen Wallfahrtskapellen die das Wort »Danke!« tragen. Auf anderen Weihesteinen steht »Ex imperio ipsarum« oder »ex iussu ipsarium« (auf Befehl oder Geheiß der Gottheit). Die Stifter oder Stifterinnen haben wohl innerhalb einer Trance, eines Traumbilds oder eines Initiationsrituals die Anweisung erhalten, den Matronen einen Altarstein zu errichten. Diese »Offenbarungsinschrift« ist im Ubiergebiet von 116 Matroneninschriften bekannt. Man überlegte, »ob hier nicht eine kultische Eigenheit der Matronen, eine spezifische Form ihres göttlichen Eingreifens angesprochen wird, die sie von anderen Gottheiten unterscheidet. Jedenfalls muss es ein Charakteristikum fast aller Matronenkulte sein, da die Formel fast flächendeckend verwendet wird.«[12]

Manchmal ist die Offenbarungsinschrift mit einem eingelösten Gelübde gekoppelt. So heißt es auf dem im Matronentempel Nöthen-Pesch gefundenen und in Kopie aufgestellten, kleinen Lefastein in abgekürzter Form: Matronis Vacallinhis Flaccinia Lefa ex ius ips LM (Ex iussu ipsarum libens merito = auf Geheiß der Göttinnen das Gelübde erfüllt).

Das Aussprechen eines Gelübdes und die Aufstellung eines Weihesteins können mit einer Opferzeremonie verbunden gewesen sein. Von solchen feierlichen Handlungen berichten auf den Weihedenkmälern Priesterinnen, Opferdiener, Opfertische, Gefäße für Trankopfer und Opfergaben in Schalen und Körben. Der Votivstein des Pettronius Patroclus von Nettersheim demonstriert auf der linken Nebenseite eine Opferhandlung. Auf einem dreibeinigen Opfertisch liegt auf einer Fußschale ein Schweinskopf zwischen zwei einhenkligen Kannen; die Szene wird von einer Girlande mit einem Vogel gekrönt.

Mehrere Matronensteine aus Bonn zeigen auf den Nebenseiten Tempeldienerinnen und Tempeldiener vor Baumheiligtümern. Auf den Schmalseiten des Bonner Vettiussteins tragen Opferdienerinnen eine Schale mit Äpfeln und Birnen. Auf einem Prozessionsrelief einer fragmentierten Matronenweihung mit Kultbild (Bonn) nähern sich ubisch gekleidete Frauen in einer Prozession dem Kultbild. Sie halten Schalen mit Obst in den Händen.

Einige Darstellungen geben Hinweise auf Tieropfer. Auf der Nebenseite des Weihesteins des V. Martinius Primus für die Matronae Veteranehae aus Embken (bei Düren) hält ein Opferdiener ein Schwein an den Hinterläufen hoch. Auch ein Matronenstein aus Antweiler zeigt ein Schwein. Auf den Nebenseiten ist zum einen ein Knabe, der ein Schwein auf dem Rücken trägt, zum anderen eine Opferszene mit Feuer, Kessel und Opferdiener plastisch nachgebildet. Auf einem Pescher Relief (Bruchstück) wird ein Schwein von einem Diener zum Altar herangeführt. Ebenfalls aus Pesch stammt ein Altarbruchstück, auf dem oben zwei Teller mit größeren Früchten oder Broten stehen. »Dazwischen ein Tierköpfchen mit kurzen spitzen Ohren, wahrscheinlich ein Schweinskopf.«[13] Von Menschenopfern, die Cäsar den »Barbaren« zuschrieb, gibt es auf den Matronensteinen keine Anzeichen.

In der Regel tragen die Göttinnen auf dem Schoß Schalen oder Körbchen, die – soweit erkennbar – mit Obst als Opfergaben gefüllt sind. Der beschädigte Lucretius-Stein aus Nettersheim zeigt Abweichungen. Hier haben die beiden Matronen Kästchen (Weihrauchgefäße, Schmuckkästchen?) in den Händen, während die mittlere Göttin in der rechten Hand eine große Blume und in der linken ein Körbchen (?) hält. Bei einem Matronenstein von Eschweiler-Fronhoven trägt die mittlere Göttin in der rechten Hand einen Zweig, in der linken Hand ein Kästchen. Eine Matrone umfasst mit der Hand eine Ähre.

Opfergaben sind auch diejenigen Obstfrüchte, die oben auf den Altären in Stein gemeißelt sind. Bei einem Altar von Pesch und zwei Bildnissen von Nettersheim sind es Birnen. Auf einem Matronenstein aus Satzvey ist oben ein Apfel abgebildet, auf einem Lessenicher Stein sind sowohl ein Apfel als auch eine Birne zu erkennen. Auf einem Inschriftenaltar aus Nettersheim steht ein Teller mit sechs Früchten. In Pesch trägt ein solcher Opferteller nur eine einzige Frucht, ein anderer ein Brot.

Reichen Erntesegen und paradiesische Zustände zeigen die Füllhörner, die auf Schmalseiten von Matronensteinen abgebildet sind. Bei dem Nettersheimer Patroclus-Stein sind sehr deutlich zwei Äpfel (Granatäpfel), zwei Birnen und ein Pinienzapfen in der Öffnung eines Füllhorns zu unterscheiden. Der untere Teil ist mit einem Kranich geschmückt. Ähren hängen an der Seite des Füllhorns herunter (auf einer ähnlichen Abbildung auf einem Matronenstein aus Müddersheim sind die Ähren deutlicher zu erkennen.)

Aus der Öffnung eines großen Füllhorns, das zu den lebensgroßen Freiskulpturen von Pesch gehört, quellen ein großer Pinienzapfen und acht kleine Früchte. Ein Pinienzapfen, fünf Birnen und drei Nüsse liegen in einem geschweiften Becher, der aus einem Akunthuskelch herausragt, eingemeißelt auf einem Matronenstein aus Nettersheim. Viele Schmalseiten der Matronenaltäre zeigen Bäume, Zweige oder Blätter.

Die göttliche Dreiheit

Es sind stets drei Frauen, die auf den Matronen-Weihesteinen dargestellt sind, so dass diese symbolhafte Zahl viel über das Wesen und die Verehrung dieser Göttinnen aussagen kann. Als kleinster Vielheit kommt der Dreizahl seit ältester Zeit große Bedeutung zu. Die Zahl, die Anfang, Mitte und Ende einschließt, steht für Unendlichkeit, Vollkommenheit und allumfassende Einheit. Sie begegnet uns in Religion und Göttlichkeit, in Recht und Volksbrauch, in Mythologie und Magie. Dreimal muss eine Anrufung erfolgen, dreimal muss ein Bann ausgesprochen werden, dreimal die Geister beschwört werden: Toi, toi, toi! Auch in altüberliefertem Erzählgut geistert seit alters her die Drei. In der Märchenwelt sind drei Wege zu gehen, drei Prüfungen zu bestehen, dreimal (und dann nimmermehr) kehren die Toten aus dem Totenreich zurück. Drei gute Gaben legt eine Fee in die Wiege und Glückskindern gibt sie drei Wünsche frei. Drei Wünsche! Doch meistens werden diese in den Märchen vertan, und welche die richtigen Wünsche sind, das wissen allein die Götter. Der Zopf – ob Haar- oder Hefezopf – veranschaulicht sehr eindrucksvoll, wie aus einer Einheit drei Stränge unterteilt werden und diese zu einer neuen Einheit verflochten werden.

Das geflügelte Wort »Drei ist göttlich« galt in der ganzen antiken Welt. Aus dem zweiten Jahrtausend v. Chr. ist aus Ägypten

Matronenstein aus Weyer

die göttliche Triade Horos/Osiris/Isis und aus Babylon die Dreiheit Ischtar/Sin/Schamasch bekannt. Bei den Hindus waren Shiwa, Brahman und Wischnu (Zerstörer, Schöpfer, Erhalter) zu einer Dreiheit zusammengefasst. Bei den Römern galten Jupiter, Juno und Minerva als Kapitoltrias. Merkur wurde als Dreikopf dargestellt. Nicht unerwähnt bleiben dürfen die griechischen Moiren, die römischen Parzen und die germanischen Nornen, die als Schicksalsgöttinnen stets in der Dreizahl auftraten und die Lebensfäden an den Wurzeln des Weltenbaums spannen und miteinander verflochten. Der griechische Philosoph Platon (428–347 v. Chr.) beeinflusste mit seinen triadischen Auffassungen von Gott und der Welt maßgeblich seine Zeit und spätere Generationen.

Auch in der Bibel ist die Drei eine wichtige Symbolzahl. Noah besaß drei Söhne, dreimal krähte der Hahn, als Petrus Jesus verleugnete, dreimal brach Jesus unter dem Kreuz zusammen, drei Hütten wollte Petrus auf dem Berg Tabor bauen, drei Könige kamen aus dem Morgenland (obwohl es in Wirklichkeit mehr waren). Erst im vierten Jahrhundert n. Chr. fand die Heilige Dreifaltigkeit (Gott Vater, Sohn und Heiliger Geist) offiziellen Eingang in die christliche Theologie. Der Einfluss aus uralten Religionen ist nicht zu bestreiten.

Für die Kelten war die Zahl drei eine heilige Zahl. In der irischen Mythologie erscheinen die drei Äpfel des Lebens, die drei Haselnüsse der Weisheit sowie die drei Segenswünsche, die dem Wanderer mit auf den Weg gegeben werden. In den ungeraden Zahlen lag das Glück, ganz besonders in der Drei. Keltische Ornamente sind als Triaden übermittelt. Der Mond wurde wegen der Spitzen des Halbmonds mit der Zahl zwei gleichgesetzt, während die Sonne durch drei Kugeln, drei Emblemen oder durch das Dreieck angedeutet wurde.

Die lunare und die solare Symbolzahl ergeben die Fünf, die für unbegrenzte Existenz steht. Es ist sicher kein Zufall, dass fünf Früchte manches Füllhorn auf Matronensteinen zieren. Mond- und Sonnenkult scheinen sich im Matronenkult vereint zu haben. Die Fünf steht auch für das Pentagramm der Venus und das göttlich Weibliche. Auch das Versmaß des fünffüßigen Jambus war tief im heidnischen Denken verwurzelt. Übrigens hat auch das alte griechische Wort Sophia für weibliche Weisheit fünf Buchstaben. (Das PH (Phi) gilt im griechischen als ein Buchstabe.)

Die keltischen Götter Teutates, Taranis, und Esus wurden wahrscheinlich als dreieiniger Gott verehrt. In der Zusammensetzung Taranis/Lug/Brigid wurde die Trinität von Vater, Sohn und Jungfrau verkörpert. Bei den Inselkelten wurde die Göttin Brigid aber auch gemeinsam mit ihren beiden Schwestern abgebildet. Die wichtigsten Gottheiten in Dreierform waren bei den Kelten die Matres – die Matronen unseres Gebietes.

Die Dreiheit spiegelt sich auch im Naturleben. Die dominierende Symbolik der Bäume lässt an die drei Bestandteile eines Baumes denken: Wurzeln, Stamm, Blätterdach, womit zugleich der Bezug zur Unterwelt, zur Erde und zum Himmel geschaffen wird. Ebenfalls sind Erde, Sonne und Mond eine dreigefächerte Einheit. Die Drei symbolisiert das Wachsen, Reifen und Ernten, den ewigen Kreislauf in der Natur.

Da zu den Tempelbezirken stets Quellen, Bäche und Zusammenflüsse von Wasserläufen gehören, können die drei Göttinnen auch Hüterinnen der Wasser des Himmels (Regen), der Wasser der Erde (Bäche und Flüsse) und der Wasser, die dem Schoß der Erde entspringen (Quellen), gewesen sein. Die Drei symbolisiert außerdem Geburt/Tod/Wiedergeburt, sowohl in der Natur als auch im Menschenleben, in dem sie zusätzlich für Lebensanfang, Lebensmitte und Lebensende steht. Die Ewigkeit der Zeit wird in Vergangenheit, Gegenwart und Zukunft eingeteilt.

Farbreste an Matronenweihesteinen lassen auf ein buntes Bildnis schließen, dessen Farben im Lauf der Jahrhunderte verblasst sind. Bei Fundmaterial war zu erkennen, dass die Inschriftfläche der Matronensteine mit weißer Farbe überzogen war und die Buchstaben in roter Farbe gezeichnet waren. Die Göttinnen selbst könnten eventuell weiß-rot-schwarz bemalt gewesen sein.

Diese Dreier-Farbkombination taucht in vielen Märchen auf. Wird ein Kind geboren, das so weiß wie Schnee, so rot wie Blut und so schwarz wie Ebenholz ist, wird damit signalisiert, dass es ein besonderes, ein göttliches Kind ist. Weiß als Farbe des Lichtes und schwarz als Farbe des Dunkels werden durch Rot kompensiert. Weiß steht für Jungfräulichkeit, ist aber auch die Farbe der Geister und Gespenster. Rot ist die Farbe des Feuers, der Liebe und der Leidenschaft. Schwarz ist die Farbe der magischen Macht und symbolisiert alles Unsichtbare. Als Sinnbild der Nacht, des Todes und der Trauer begleitet das Schwarze häufig Fruchtbarkeitsgöttinnen, Muttergottheiten und deren Priesterinnen.

Die Drei bestimmt das gleichschenklige Dreieck, das für Göttlichkeit und Harmonie steht. Mit der Spitze nach unten ist es ein Symbol des Wassers und des weiblichen Geschlechts, mit der Spitze nach oben ist es bei vielen Völkern ein Symbol des Feuers und der männlichen Zeugungskraft. Magische Bedeutung hat das Dreieck beim Pentagramm (Drudenfuß, Fünfstern) und beim Hexagramm, der sechszackigen Sternenfigur aus zwei gleichseitigen Dreiecken.

Eigentlich sind es nicht drei Matronen, die auf den Weihesteinen abgebildet sind, sondern nur zwei. In römischer und vorrömischer Zeit wählte man jedoch auch dann einen einzigen, einheitlichen Namen für die »Gesamtheit eines Göttervereins«, wenn dieser nur für einen Teil der in Frage kommenden Gottheiten zutraf. So können wir auch weiterhin von Matronen und von drei Göttinnen sprechen, allerdings nur bedingt von drei Müttern. Die Schutzgöttinnen bestehen aus einer jungfräulichen Göttin und zwei mütterlichen Göttinnen, die eine Dreiheit sind und gleichzeitig eine Einheit bilden.

Symbolik der Attribute und Opfergaben

Die Römer ließen nach griechischem und asiatischem Vorbild symbolhafte Dinge und Figuren sowohl in ihre Bauten als auch in die Kleinkunst einfließen. Diese Symbolik wurde von den eroberten Völkern übernommen. Ob und inwieweit der ursprüngliche, religiöse Sinn in anderen Kulturen verstanden wurde, lässt sich nicht nachweisen. Den Menschen des Ubierlandes waren sicher alle diejenigen Symbole vertraut, die aus der Natur stammen und natürliche Abläufe versinnbildlichen. Bereits die Urmenschen kannten diese Sinnbilder. Da bei den Inschriften auf den Matronensteinen erklärende Angaben zum Wesen der Göttinnen fehlen, können nur die Attribute den »Schlüssel zur Identifikation« liefern.

Der Mond

Eine Beziehung zum Mond, der seit Urzeiten als kosmisches Symbol gilt, wird bei Matronenmonumenten durch eine Lunula und durch die riesigen Hauben, die an Mondsicheln erinnern, angedeutet. Auch die Stellung der Füße erinnert an Mondsicheln. Da der Mond wegen seiner ständig wechselnden Form scheinbar lebt, wurde er mit Lebensphasen verglichen. Der 28-Tage-Rhythmus (bzw. Nächte-Rhythmus) liegt sowohl dem Lauf des Mondes als auch dem weiblichen Zyklus zugrunde. So steht der Mond seit je in engem Zusammenhang mit der weiblichen Fruchtbarkeit, mit Geburt und mit dem Leben schlechthin. Dreimal drei ›Monde‹ dauert eine Schwangerschaft. Die Unterteilung des Jahresablaufes in Monate und Wochen geht auf den Mondlauf und seine Phasen zurück. Dabei waren es ursprünglich nur zwei »Wochen« von je 14 Tagen, die eine Mondzeit unterteilten. Bei Vollmond wurden fröhliche Feste gefeiert, während die Zeit des Dunkelmondes eher zur Zurückgezogenheit aufforderte.

Die Kelten verbanden die leibliche und besonders die spirituelle Form der Weiblichkeit mit Wasser und Mond und sahen »die Spur des Mondes auf dem Wasser« als das Weiblich-Göttliche. Der Mond stand für weibliche Intuition, während die Sonne mit männlicher Energie gleichgesetzt wurde. Der Zyklus des Mondes veranschaulicht das Leben der Menschen und zugleich ein neues Leben nach dem Tod. Denn obwohl der Mond

»stirbt« und nicht sichtbar ist, erwacht er zu neuem Leben. Aus dieser »Auferstehung« entwickelten die Menschen die Idee einer Wiedergeburt.

Im Gegensatz zur deutschen Sprache ist das Wort »Mond« in vielen Sprachen weiblich, während die Sonne meist männlichen Geschlechts ist. In verschiedenen Kulturen wurde »die Mondin« als Göttin verehrt. Ein Mondschmuck, mondsichelförmige Hauben und Fußstellungen genügen allerdings nicht, um die Matronen als Mondgöttinnen einzustufen.

Der Mond ist das höchste Symbol der Fruchtbarkeit im Kosmos. Frühere Kulturen beobachteten, wie die Feldfrüchte im Einklang mit den Mondzyklen standen. »Ihr sanftes Licht benetzte die Pflanzen nach der Hitze des Tages mit Feuchtigkeit und entzündete das Feuer des Lebens, das während der Nacht neu aus der Saat zu sprießen begann. Mit derselben Kraft zog sie Pflanzen aus der Erde. Außerdem ist die ›Mondin‹ die Hüterin der Träume und damit Begleiterin der Traumbilder und Weissagungen, der Ekstase und Visionen.«[14]

Der Baum

Die Symbolik des Baumes ist vielfältig. Der jährliche Kreislauf der Laubbäume vom Knospen, Blühen bis zum Laubabwurf ist ein sichtbarer Beweis für die kreative Kraft innerhalb der Natur. Der Vergleich mit dem Menschenleben ist überdeutlich: Zeit des Wachsens, der Reife, des Vergehens.

Fest verwurzelt in der Erde nimmt der Baum durch seine Äste Verbindung zum Himmel auf und verbindet so den Kosmos zu einem Ganzen. Die Kelten und Germanen sahen einzelnstehende Bäume als Wohnsitze von Göttinnen und Göttern, von Geistern und übernatürlichen Wesen. Plätze mit verehrungswürdigen Bäumen wurden zu Plätzen, die durch Kontemplation und Kontaktaufnahme mit dem Genius dieses Ortes zu einem heiligen Hain wurden. Aus dem Rauschen der Blätter erfuhren die Besucher Antworten auf ihre Fragen zu Gott und der Welt.

Bäume, die essbare Früchte tragen, gelten als Fruchtbarkeitssymbol schlechthin. Natürlich haben auch die Früchte selbst eine mythische Bedeutung. Äpfel, Birnen und anderes Obst werden als Geschenk der Götter angenommen und andererseits als Opfergaben den Göttern wieder voller Dank zurückgegeben.

Aus der Verehrung von Bäumen ist vermutlich der Ursprung der Matronenreligion erwachsen. Dieser Hintergrund bestärkt auch die These, dass die Matronenkulte vom Land ausgingen und von den ländlichen Siedlungen in die städtischen Zentren Köln und Bonn transferiert wurden und nicht umgekehrt, wie man es lange Zeit annahm.[15]

Im Matronenkult spielen Bäume und Baumfrüchte eine große Rolle. Auf den Nebenseiten von Matronensteinen sind insgesamt 186-mal Bäume dargestellt, zusätzlich Zweige und Blätter als pars pro toto (Teil für das Ganze). Bei den meisten Zweigen handelt es sich um Akanthus, eine Art des Stachelbärenklau (Acanthus mollis). Es ist eine häufige Ornamentik bei römischen Säulen und Weihesteinen. Manchmal sind auch die Göttinnen selbst mit Zweigen geschmückt.

Dass der Baum eine große Rolle im Matronenkult spielte, sehen wir zusätzlich an einer 32 cm hohen Baumskulptur aus dem Matronentempel Nöthen/Pesch. Die steinerne Plastik erinnert daran, dass dieser Tempelbezirk in seinen Anfängen ein Baumheiligtum in einem heiligen Hain war. Der heilige Baum, wahrscheinlich eine Eiche, wurde später in einem umzäunten offenen Hof integriert (s. Matronentempel Nöthen/Pesch).

Ein allein stehender großer Baum (Linde, Buche oder Eiche) war oft Mittelpunkt einer Siedlung. Hier wurden Versammlungen abgehalten, Recht gesprochen, Feste gefeiert und den Göttern gehuldigt. Auch versuchte man durch magische Tänze, Kontakt zu Verstorbenen aufzunehmen.

Der Baum ist ein altes, weit verbreitetes Mütterlichkeitssymbol. Er ist Sinnbild für Fruchtbarkeit und Leben; er ist der Lebensbaum. Der Obstbaum schenkt den Menschen Nahrung, Schatten und Schutz. Während das Blätterdach als weibliches bzw. mütterliches Sinnbild gilt, wird der Stamm als Phallus-Symbol verstanden. Der Baum stirbt im Winter ab, überwindet

Bäume an der Görresburg

aber alljährlich den Tod und erwacht im Frühjahr zu neuem Leben. Er symbolisiert daher die Wiedergeburt.

Den Kelten und Germanen war der Baum heilig. Er wurde als eigene Gottheit, aber auch als Sitz einer Gottheit betrachtet. Der Baum konnte sowohl von guten Feen als auch von bösen Geistern bewohnt sein. Man glaubte, dass die Seelen der Verstorbenen sich im Innern eines Baumes einnisten konnten. Dass Menschen in ausgehöhlten Baumstämmen bestattet wurden, geht der Tradition, Menschen in Holzsärgen zu beerdigen, voraus.

Jeder Volks-Stamm besaß für sein Territorium einen »Stamm-Baum«, der weltliche Macht und geistige Vorstellungen widerspiegelte, aber gleichzeitig auch Grenzen markierte (Markbäume). Bäume standen in heiligen Hainen, in denen die Menschen zu kultischen Handlungen zusammenkamen. Außerdem sprach man einzeln stehenden Bäumen eine besondere magische Kraft zu.

In der keltischen Mythologie müssen für ein Feuer unter dem Kessel der Fülle neun besondere Gehölze verwendet werden: Zweige der Eiche, der Esche, der Kiefer, der Eberesche, der Schlehe, der Haselnussstaude, der Eibe, des Weißdorns und ein Zweig Moormyrte.

Die Eiche war sowohl den Kelten als auch den Germanen heilig. Als der Heidenmissionar Bonifatius im Herbst 723 die Donareiche bei Geismar fällte, um die Macht der alten Götter zu brechen, beging er damit in den Augen der Heiden ein nicht wieder gut zu machendes Sakrileg. 754 wurde Bonifatius von Friesen getötet.

Auf den Nebenseiten der Matronensteine sind mehrmals Baumheiligtümer angedeutet. Die aussagestärkste Baumdarstellung finden wir auf der Rückseite eines Weihesteins, den Statilius Proculus und seine Gattin Sutoria Pia um 185 n.Chr. den aufanischen Matronen in Bonn weihten. Das Bild zeigt einen Baum, der wie ein S geformt ist, in einer felsigen Sakrallandschaft. Auf einem Ast ist ein Vogelnest mit vier Jungen erkennbar. Zu Füßen des Baums steht eine Ziege mit drei Körpern, aber mit nur einem Kopf. (Die Ziege, die »keltische Vorstellungen von einem theriomorphen Ziegenkult«[16] widerspiegeln kann, erscheint noch auf einem weiteren Matronenstein.) Aus einem Astloch windet sich eine Schlange.

Die Schlange

Auf der bereits erwähnten Baumplastik vom Heidentempel Pesch ist eine Schlange abgebildet, die sich um einen Baumstamm windet. Ein vacallinehischer Matronenstein, gefunden in der Kirche zu Weyer, zeigt an beiden Nebenseiten einen Baum, an dem Astlöcher zu erkennen sind. Diese deuten auf alten Bildnissen den Sitz der Schlange an, ohne das Reptil selbst sichtbar zu machen. Auch an den Seiten manches Füllhorns ist eine Schlange angedeutet.

In allen Kulturen hat die Schlange eine vielgefächerte mythologische Bedeutung. Dieses geheimnisvolle Reptil, das manche Erd- und Fruchtbarkeitsgottheiten begleitet, symbolisiert reichen Segen und die chthonische Kraft des Erdinnern. Die Schlange ist Anfang und Ende zugleich und hebt die Gegensätze von positiv und negativ auf. Wegen ihrer Häutungen gilt sie als Sinnbild ständiger Erneuerungskraft; sie beherrscht Tod und Wiedergeburt und damit das ewige Leben. Sind Schlange und Vogelnest zusammen abgebildet, so wird damit die erdverbundene Fruchtbarkeit hervorgehoben. In der Verbindung zwischen Schlange und Baum wird dieser zum Baum der Erkenntnis.

Die Schlange ist Verbündete der Frauen und steht für weibliche Weisheit und Würde. Auf zahlreichen kretischen, syrischen und ägyptischen Abbildungen ist eine Schlange als Göttin dargestellt. In der christlichen Religion zertritt Maria die Schlange und damit deren – und ihre eigene – Machtposition. In der Pfarrkirche von Mechernich-Weyer zeigt eine Marienstatue eine sichtbare Schlange, die einen Apfel im Mund trägt und in einer Mondsichel eingebettet ist. Auf dieser steht die mit einem Sternenkranz gekrönte Maria. Eine gleiche, aber dunklere Statue steht vor der Eiserfeyer Kirche, also praktisch an der anderen Seite der Kakushöhle. Eine weitere dieser seltenen Mariendarstellung steht in Erftstadt-Niederberg; sie stammt jedoch aus Kreuzweingarten, wo sie bis 1972 stand.[17]

Aus diesen Marienfiguren kann man das Zertreten der Schlange als Sinnbild der Versuchung und Verführung zum Bösen, aber auch das »Entstehen aus matriarchalen Kräften«[18] herauslesen. Schlangen waren Hüterinnen heiliger Stätten; in der Schöpfungsgeschichte der Bibel beschützen sie das Paradies. Die Verbindung Baum und Schlange kann ein Hinweis auf eine Orakelstätte sein.

Der Apfel

Der Apfel gehört zu den ältesten Sammelfrüchten der Menschheit. Er war stets Attribut der Großen Göttin und verdeutlicht, dass Liebe, Fruchtbarkeit, Leben und Sterben in der Hand der Göttin liegen. Äpfel gelten als Sinnbilder des Lebens, aber auch des Todes und der Unsterblichkeit. Diese dreifache Symbolik des Apfels wird im Märchen »Schneewittchen« deutlich. Die eine Hälfte eines Apfels schenkt das Leben, die andere Hälfte bringt den Tod. Da Schneewittchen die todesbringende Apfelhälfte wählt, stirbt sie, erwacht aber wieder zu neuem Leben.

»Für die Schönste« war in der griechischen Mythologie der goldene Apfel bestimmt, den die Göttin der Zwietracht in eine Hochzeitsgesellschaft warf. Für die Göttinnen Hera, Athene und Aphrodite wurde dieser Apfel zum Zankapfel, der letztendlich den Trojanischen Krieg auslöste.

In der keltischen Tradition stand der Apfel als Symbol für spirituelles Wissen. Er hatte die größte Beziehung zur Anderswelt. Zeitlosigkeit, Unsichtbarkeit und Reichtum fanden ihr Reich in Avalon, der begnadeten Apfelinsel. Die goldenen Äpfel der germanischen Göttin Iduna schenkten den Göttern ewige Jugend.

Da das Kerngehäuse des Apfels bei waagerechtem Schnitt den Fünfstern zeigt, glaubt man an magische Kräfte dieser Frucht. Auch wird der Apfel als Mittel der Weissagung genutzt. Aus dem Fall und dem Bild von Apfelschalen werden bis heute Zukunftsgeschehnisse herausgelesen. Wer täglich einen Apfel isst, fördert nicht nur die Gesundheit, sondern nimmt damit Kontakt zur Göttin auf.

Prall gefüllt mit Äpfeln sind Körbe auf Weihesteinen an die Göttin Nehalennia, deren Kult aus der niederländischen Provinz Zeeland belegt ist. Eine Erklärung lautet: »Die Äpfel bei Nehalennia können eine mehrfache Bedeutung haben, wahrscheinlich aber liegt der Akzent auf Fruchtbarkeit und Fülle. Obst, besonders Kulturobst wie auf den Altären abgebildet, war mit Sicherheit in jenen Zeiten ein Luxusnahrungsmittel, das sich nicht jeder leisten konnte. Der Besitz vieler Äpfel signalisiert also Reichtum.«[19]

Auf den Matronensteinen sind meist Granatäpfel dargestellt, die im gesamten Orient eine Jahrtausende alte Tradition haben. Bei den Ägyptern wurde die samenreiche Frucht als Grabbeigabe verwendet. In der griechischen Mythologie hält die Göttin Aphrodite einen Granatapfel in der Hand. In der Bibel wird der

Der Apfel ist häufiges Attribut bei den Matronen, hier, wie bei den Matronen, bei drei Generationen (Lange), von links: Margit, Nora, Sophie

Granatapfel mehrmals erwähnt. Er soll 613 Kerne haben, genauso viele Gesetze enthält das Alte Testament. Im alten Rom wurde der Granatapfel als Fruchtbarkeitssymbol verstanden und ist Symbol für Lebensfülle und Lebensfreude. Er wird der jungvermählten Frau zugeordnet. Das Öffnen der Frucht wird in Bezug zur Defloration gebracht.

Die Birne

Neben dem Apfel diente die Birne schon in früher Menschheitsgeschichte der Ernährung. Wer die wildwachsenden winzigen Godenäpfel und Holzbirnen, auch Juffernbirnen genannt, heute findet, kann sich vorstellen, dass unsere Vorfahren mit diesen winzigen Früchten nicht den großen Hunger stillen konnten. Von den Römern wurden Äpfel und Birnen veredelt, die dadurch an Größe und Geschmack gewannen. Getrocknet waren beide Baumfrüchte bis in jüngster Vergangenheit eine wichtige Nahrungsergänzung im Winter.

Auf den Matronensteinen kommt die Birne viel häufiger vor als der Apfel. Ihre Symbolik ist jedoch weniger bekannt. Auch die Birne ist ein Fruchtbarkeitssymbol, meint hauptsächlich jedoch die Fruchtbarkeit beim Sterben und nach dem Tode. Am deutlichsten erzählt dies die alte Ballade des Herrn von Ribbeck auf Ribbeck im Havelland, die Theodor Fontane 1889 in Reimform brachte, wobei er auf das Birnbaumgedicht von 1875 von Hertha von Witzleben, Enkelin des Karl Friedrich Ernst von Ribbeck, als Vorlage zurückgreifen konnte.

Herr von Ribbeck beschenkte Mädchen und Buben stets mit Birnen. Bei Fontane heißt es: »So ging es viele Jahre, bis lobesam der von Ribbeck auf Ribbeck zu sterben kam.« Er bat, dass man ihm eine Birne mit ins Grab geben möchte: »Und im dritten Jahr aus dem stillen Haus, ein Birnbaumsprössling sprosst heraus.« Nach Jahren reiften zur »goldenen Herbsteszeit« die Früchte, und die Kinder konnten wieder Birnen ernten. Die Ballade schließt: »So spendet Segen noch immer die Hand des Herrn von Ribbeck auf Ribbeck im Havelland.« Segen spenden noch im Tode, das ist die wesentliche Symbolik der Birne.

Wegen ihrer an weibliche Formen erinnernden Gestalt ist die Birne ein Frauensymbol. Eiszeitliche Frauenstatuetten, zum Beispiel die Frau von Willendorf, zeigen in ihren überbetonten weiblichen Merkmalen oftmals Birnenform. In der Kleidermode spricht man bis heute von der Apfel- oder Birnenform der Figur. Auch ähnelt der schwangere Bauch einer Birne.

Im Mittelalter galt der Birnbaum wegen seiner »makellosen« weißen Blüten als Symbol der Muttergottes, der ohne Erbsünde geborenen Makellosen. So ist es nicht verwunderlich, dass auf Marienbildern die Birne zu finden ist. Ebenso ist die Birne auf Bildern oder Statuen von Anna Selbdritt abgebildet. Das Jesuskind nimmt eine (goldene) Birne entweder aus der Hand seiner Mutter Maria oder seiner Großmutter Anna.

Oben auf den Matronenaltären liegt oftmals eine einzelne Birne. In Schalen und in Füllhörnern ist sie gemeinsam mit anderen Früchten arrangiert. Mehrere und verschiedenartige Früchte symbolisieren Fülle, Reichtum und Wohlstand im praktischen Leben und in spiritueller Hinsicht.

Der Pinienzapfen

Insgesamt sind 32-mal Pinienzapfen auf den Schmalseiten der Matronensteine abgebildet. Dieses aus südlichen Ländern stammende Attribut ist ein häufiges Schmuckelement der Antike. Im alten Rom ist der Pinienzapfen bei großen Monumenten, in Tempeln, auf Säulen, an Brunnen und besonders in der Grabkunst, so auch in Mausoleen, zu finden. Vorläufer der römischen Piniendarstellungen wurden bei Gräbern in etrurischen, ägyptischen und kleinasiatischen Gebieten entdeckt. Der Pinienzapfen war Feldzeichen einer römischen Legion, die im Jahr 15 v. Chr. an einem Eroberungsfeldzug nach Rätien teilnahm.

Die Pinie, die Kiefer des Mittelmeerraumes, ist ein Fruchtbarkeitssymbol. Man nimmt an, dass sie wegen der unablässigen Produktion neuer Zapfen zu dieser Bewertung kam. Sie ist aber vorwiegend Symbol der Unsterblichkeit, der Auferstehung, der Wiedergeburt, der Ewigkeit und des ewigen Lebens. Die Pinie gilt als Lebensbaum. Ein riesiger Pinienzapfen ziert einen Brunnen im Vatikan. Dieses antike Lebenssymbol nahm Karl der Große zum Vorbild, als er einen fast einen Meter hohen Pinienzapfen aus Bronze für einen Brunnen im Atrium seiner Pfalzkapelle in Aachen schaffen ließ. Einlass gewann die Pinie in Deutschland als Zirbelnuss oder Pyr, wobei Pyr offensichtlich auf das lateinische Wort pirum (Birne) zurückgeht. Dieser Zapfen der Zirbelkiefer ist im Stadtwappen von Augsburg zu finden. In dieser Stadt läuft einem dieses Fruchtbarkeitssymbol überall über den Weg.

Die Pinie war als heiliger Baum der kleinasiatischen Göttin Kybele zugeordnet. Die Anhänger dieser Mysterienreligion fällten zu Frühlingsanfang bei der Trauerfeier um den Götterliebling Attis eine Pinie und trugen diese in feierlicher Prozession zum Tempel ihrer Göttin. Auf einem Relief, in den Kapitolinischen Museen in Rom aufbewahrt, überreicht ein Priester der

Ein Füllhorn auf einem Matronenstein aus Nettersheim

Kybele ein Gefäß mit Pinienzapfen. In der griechischen Mythologie zeugte Zeus mit Mnemosyne in Pinien die neun Göttinnen der Muse.

In einem Bleisarg, der 1965 in Lommersum-Bodenheim/Kreis Euskirchen zutage kam, war ein Pinienzapfen aus Eisen dem Toten beigegeben. Es wird angenommen, »dass der Verstorbene im Pinienzapfen eine Garantie für das ihm bereits zu Lebzeiten versprochene ewige Leben sah.«[20]

Der Pinienzapfen in den Füllhörnern auf Matronensteinen ist oft mit anderen Früchten kombiniert. Da man sich die Früchte bunt bemalt vorstellen muss, würde dem Pinienzapfen eine dunkle Farbe zukommen, während die Granatäpfel rot und die Birnen weiß zu denken wären. Alle drei Attribute weisen auf Leben, Tod und Wiedergeburt hin.

Das Füllhorn

55-mal zieren Füllhörner Matronensteine. Meistens sind sie mit Früchten und Ähren gefüllt. Ein Weihestein der Matronae Mahlinehae aus Köln zeigt abweichend von dieser Norm ein Füllhorn mit Globus und Ruder und rückt diese Matronen in die Nähe der römischen Fortuna. Auf einem Weihestein für die Junonen von Bonn sind Füllhörner und Rad eingemeißelt. Auf einem Nettersheimer Matronenstein ist das Horn mit zwei Äpfeln, zwei Birnen und einem Pinienzapfen reich gefüllt.

Das Tierhorn ist Zeichen der männlichen Lebenskraft. Am häufigsten wird es den beiden »Gehörnten«, Stier und Hirsch, zugeordnet, die ungebändigte Naturkräfte darstellen. Durch einen »Kunstgriff« wurden bei Felszeichnungen aus Tierhörnern Mondsicheln. Das eindeutig androgyne Horn wird umgekehrt zum Füllhorn der Göttin (u.a. Rosmerta), die es mit reichen Gaben füllt.

Das Füllhorn wird auch mit der Göttersage von Zeus in Verbindung gesehen, der von einer Ziege gesäugt wurde, deren Gehörn abbrach und sich wundersamerweise mit Früchten füllte. Ein überquellendes Horn symbolisiert die überflussspendende Kraft und erzählt von paradiesischen Zuständen. Ob allerdings das Paradies im Diesseits oder im Jenseits gemeint ist, bleibt ungeklärt.

Weihesteine für Mercurius Gebrinius, die in Bonn an der gleichen Fundstelle wie die Matronensteine sichergestellt wurden, zeigen ebenfalls Füllhörner mit Früchten. Ursprünglich ist es jedoch »die Muttergöttin, die Reichtum und Wohlstand hervorbringt, sie ist es, die den prallen Beutel dem Merkur schenkt – dieser ist nur Verteiler.«[21]

Der Kranich

Wenn Kraniche in ihrer keilartigen Formation in Richtung Süden fliegen, wissen wir, dass der Winter vor der Tür steht. Kehren sie vom Süden zurück, verkündet ihr aufgeregtes Schreien: Der Frühling naht! Auf dem Land wird bis heute die Rückkehr dieser Zugvögel beobachtet und – wenn auch nicht gefeiert – so doch mit Freuden begrüßt.

Bei günstiger Witterung brechen die Kranichschwärme von ihren Sammelplätzen im Norden (zum Beispiel Insel Rügen) in den frühen Morgenstunden auf, ziehen beiderseits am Harz vorbei, erreichen dann das Weserbergland, Thüringen und Oberhessen. Weiter geht es Richtung Südwest, am späten Nachmittag fliegen sie schnatternd über die Eifel hinweg und zum Teil auch entlang des Rheins mit Bonn als Kreuzungspunkt. Oftmals legen die Kraniche in der Nordeifel eine Rast ein. Im Eifeler Volksmund heißen die Kraniche »Hollergänse«. In dieser Bezeichnung kann sich eine Verbindung zu Frau Holle, der Göttin Holla, verstecken.

Das auffällige Hüpfen, das der Kranich während der Balz und bei Erregung zeigt, lässt an fröhliches Tanzen denken. So war der Kranichtanz der Anlass, dass Griechen und Römer den Kranich als Symbol der Liebe und der Lebensfreude sahen. Die Schienbeinknochen des Kranichs sind die längsten Röhrenknochen und wurden gerne zur Herstellung von Flöten benutzt. Das lateinische Wort tibia meint sowohl diesen Knochen als auch die Flöte. So können Kranichabbildungen auf Flötenmusik hindeuten.

In der keltischen Religion war der Kranich ein weiser Vogel, der als Verkörperung von Ausdauer und Wissen galt. Einen Medizinbeutel, den die Druiden bei sich trugen, nannten sie »Kranichtasche«. Kraniche weisen Merkur, den römischen Gott des Handels und Wandels, der als Planetengott der Sonne am nächsten steht, als Kultbegleiter der Matronen aus. Die Kraniche selbst können jedoch auch als Kultbegleiter und Götterbote gesehen werden. Bildlich abgebildet ist der Kranich auf Matronensteinen aus Abenden, Embken, Nettersheim und Thorr.

Aufsehen erregte ein Matronenfund aus Alt-Inden (Geuenich) bei Jülich. Bei der Ausgrabung eines fränkischen Gräberfeldes, bedingt durch die Ausweitung des Braunkohletagebaus, stieß man auf fünf Matronenweihesteine, wahrscheinlich aus einem nahen Heiligtum. Zwei Brüder, Gaius Julius Primus und Gaius Julius Nigrinus, widmen einen dieser Altäre dem Kranich der duahenischen Matronen. Dazu heißt es: »Die Inschrift ist von religionsgeschichtlichem Interesse. Sie stellt die erste bisher bekannte Weihung an einen den Muttergottheiten zugeordneten Kranich dar.«[22] Die Theorie, dass hier ein Kranichgehege einem Tempelbezirk angeschlossen war, bleibt jedoch spekulativ.

Das Schwein

Auf zahlreichen Matronensteinen gehört ein Schwein zu einer Opferhandlung. Hauptursache für die Häufigkeit des Schweins als Tieropfer kann damit begründet werden, dass dieses domestizierte Wildschwein in Gallien ein Hauptnahrungsmittel und ein begehrter Leckerbissen war. Aber auch in der griechischen und römischen Antike gehörte das Schwein zu den bevorzugten Opfertieren. Es war ein lebensnotwendiges Tier, das die Götter den Menschen geschenkt hatten. So war es selbstverständlich, dass man es den Göttern in ritueller Form als Gabe darbrachte. Das weibliche Schwein war die große Muttersau, die Spenderin allen Lebens, die erst durch die Hygienevorschriften der Thora zum unreinen Schwein wurde.

Wegen seiner zahlreichen Nachkommenschaft war die Muttersau ein Fruchtbarkeits-Symbol und galt bei Ägyptern, Griechen und Kelten als Glücksbringer. Bei den Kelten hatte die göttliche Muttersau große Bedeutung. Arduinna, die Schutzgöttin der Ardennen, war eine göttliche Bache. Haus- und Wildschweine wurden bei sakralen Jahreszeitfesten verzehrt. »Ursprünglich wurde am Sommerende-Fest zu Beginn des keltischen Jahres das Samhain mit einer Festmahlzeit zu Ehren der Schweinegöttin gefeiert.«[23]

Brot und Getreide

Brot als das wichtigste Nahrungsmittel muss in seiner Symbolik kaum erklärt werden. Die Verwandlung von Getreide mittels Sauerteig in ein neues Wesen wurde als göttlicher Vorgang gesehen, und so war das Brot stets eine Gabe der Göttinnen. Bis heute zeichnen Bäuerinnen und Hausfrauen mit dem Messer ein Kreuz auf der Unterseite des Laibs, damit das Brot gesegnet ist und allen wohl bekommt.

Die Ähre, auch auf Matronensteinen abgebildet, versinnbildlicht Wachstum und reiche Getreide-Ernte, aber auch die Frucht des Mutterschoßes. Brot steht außerdem für spirituelle Nahrung, zusätzlich für Geburt, Tod und Wiedergeburt.

Die Beinamen der Matronen

Die Urgötter konnten nicht nur vielerlei Gestalten annehmen, sondern ließen sich auch mit vielen Namen anrufen. Der Name der Gottheit war von größter Kraft und Wirksamkeit. Vor ihm schauderten die bösen Mächte. Wer die Namen kannte, hatte Zugang zu den Göttern und konnte unmittelbaren Kontakt mit ihnen aufnehmen. Bei den Kelten wählten die Druiden sehr sorgfältig die Götternamen aus, die eine besondere Eigenschaft, Fähigkeit oder Macht des Gottes ausdrücken konnten. Oft wussten die Priester und Priesterinnen allein um die Bedeutung des Wortes. Bei den lokalen Gottheiten hatten Beinamen oftmals topischen Charakter, denn ohne Benennung ihres Kultgebietes wäre die Macht der Genien gebrochen gewesen.

Die Matronen führen auf den Weihesteinen einen Beinamen, zum Beispiel Matronis Aufaniabus, Matronis Rumanehis, Matronis Octocanabus. Während die Endungen lateinisch sind, kommen die Wortstämme aus dem Keltischen und dem Germanischen. Diese »gehören zu den ältesten authentischen Zeugnissen in einer germanischen (bzw. keltischen) Sprache.«[24]

Insgesamt sind aus dem Ubierland 82 verschiedene Matronenbeinamen bekannt, was wieder einmal bestätigt, dass das Land zwischen Eifel und Rhein der Schwerpunkt der Matronenverehrung war. Am häufigsten belegt ist der Beiname Vacallinehae mit 264 Fundstücken, hauptsächlich aus dem Matronentempel Nöthen-Pesch und von Einzelfunden aus Weyer, Iversheim, Satzvey, Lessenich und Rödingen-Ameln. An zweiter Stelle mit 170 Belegen steht der Name Austriahenae, der von vielen Bruchstücken aus einer Fundstelle bei Morken nachgewiesen werden kann. Je eine Kopie eines austriahenischen Steins steht im Kreishaus in Bergheim und im Schloss Paffendorf/Harff. Einmal taucht dieser Name auf einem Matronenstein in Bad Münstereifel auf. Eine Kopie dieses Inschriftensteins ist in der Krypta des Münsters ausgestellt.[25]

Die Aufanischen Matronen sind insgesamt 100-mal belegt. Die Hauptfundorte sind Bonn, Nettersheim, Zülpich und Köln. Einzelfunde sind bekannt aus Jülich, Xanten, Nijmwegen, Haus Bürgel bei Düsseldorf, Rheder, Mainz, Lyon in Südfrankreich sowie Carmona in Spanien.

Da es literarische Bezeugungen der Matronen und ihrer Beinamen nicht gibt, fungieren die Steininschriften als wichtige Originalurkunden. Übersetzung, Deutung sowie die Einordnung ins Keltische oder Germanische machen jedoch erhebliche Schwierigkeiten. Die Beinamen sind nicht nur schwer zu deuten, sondern zunächst einmal wegen des »barbarischen Klangs« für uns – und sicher auch für die Römer – fremdartig und schwierig auszusprechen: Axsinginehae, Udravarinehae, Berhuiahenehae usw. Da ist es nicht verwunderlich, dass man glaubt, die Verehrer und Verehrerinnen der Matronen hätten absichtlich so zungenbrechende Worte zusammengebraut, damit nur sie selbst die Göttinnen anrufen konnten.

Die Kelten spielten gerne mit Worten, verdrehten Silben, tauschten Buchstaben aus, schrieben Worte von hinten nach vorne und kreierten Fantasienamen, deren Sinn in einem Unsinn versteckt wurde. Neben diesem Spiel des Urkindes mit der Sprache können Namen absichtlich verschlüsselt und Verschlüsselungen nochmals verschlüsselt worden sein. Diesen Code zu knacken, dürfte für uns kaum möglich sein.

Einige Matronen-Beinamen hat man als Sinnnamen erkannt. So sind die Matronae Gabiae die Gebenden, die Alagabiae die Allesgebenden und die Afliae die Stärkenden oder aber die Starken. Der Matronenforschen Franz Cramer sah in allen Matronen-Beinamen einen griechischen Ursprung. Da er die Matronen für Seherinnen hielt, kam er zu Deutungen folgender Art: Ettrahenae = Segen kündend, Gavasiae = erdüberdrüssige Künderinnen, Vacallinehae = sanfte Klage kündend.

Inzwischen vermutet man hinter den meisten Matronen-Beinamen ehemalige Stammes-, Siedlungs-, Fluss- oder Bachnamen. Natürlich haben auch diese Namen einen Sinn, der uns jedoch ebenfalls verschlossen bleibt. Die Beinamen dieser Art kennzeichnen das Gebiet, das von den jeweiligen Matronen beschützt wurde. Nur dort hatten die Göttinnen ihre vollkommene Macht, obwohl sie auch anderswo verehrt wurden.

Auch im Christentum finden wir diese Gebundenheit an Örtlichkeiten. So ist zum Beispiel die Muttergottes von Lourdes oder von Kevelaer in ihrer Kultheimat besonders heilmächtig, obwohl sie auch anderenorts die Menschen beschützt. Durch Wallfahrten zu den heiligen Orten kann Heilung geschehen und Hilfe erhalten werden. Wie die Matronen so hat auch Maria viele Namen, wird sie doch »die mit den tausend Namen genannt«.

(Die Matronen-Beinamen, die das hier bearbeitete Gebiet betreffen, werden bei den jeweiligen Fundorten näher erklärt.)

Christentum: Das Ende der Urreligionen

Die Urreligionen waren durch die Personifizierung der göttlichen Naturmächte im Laufe von Jahrhunderten zu einem vielgestaltigen, kaum noch überschaubaren Götterhimmel ausgeufert. Die Römer hatten durch die Ausdehnung ihres Reiches zahlreiche »barbarische« Gottheiten in ihre bereits große Götterfamilie aufgenommen und verfügten nun neben ihren großen Staatsgöttern über unzählige kleine Sippen- und Familiengötter. Völlig unverständlich war es ihnen, dass das jüdische Volk nur einen einzigen Gott verehrte und sich weigerte, diesen Gott anderen Gottheiten gleichzusetzen.

Auch die Gotteslehre eines Messias hätten die Römer akzeptiert, wenn diese andere Götter toleriert hätte. Dass Jesus gekreuzigt wurde, hatte allerdings wenig mit seiner Lehre zu tun, sondern mehr mit der Angst der Römer, dass dieser vom Volk geliebte und verehrte Prophet zum König im römisch besetzten Palästina ausgerufen würde. Auch die Verfolgung der Christen wurde nicht wegen deren Glauben ausgelöst, sondern wegen ihrer Missachtung römischer Gesetze.

Im Jahr 312 ließ Flavia Julia Helena, die Mutter des römischen Kaisers Konstantin I., sich christlich taufen und beeinflusste die Einstellung ihres Sohnes zu der neuen Lehre. Im Jahr 313 gewährte dieser im sogenannten Toleranzedikt von Mailand den Christen die volle Freiheit des Bekenntnisses und der Verkündigung. 380 erklärte Kaiser Theodosius das Christentum zur offiziellen Reichsreligion.

Die den Christen gewährte Toleranz vergalten diese allerdings mit Intoleranz gegen die alten Religionen. Die alten Kulte, die sicher einer Reform bedurften, bekamen keine Möglichkeit zur Neuorientierung, sondern wurden vernichtet. Mit Unterstützung der Kirche ging Kaiser Theodosius rigoros gegen Andersgläubige vor. Es gab nur noch Christen und Nichtchristen, Gläubige und Ungläubige. Die »Ungläubigen« wurden bald nur noch abfällig »Heiden« genannt. Die Herkunft dieses Wortes ist umstritten. Es wird abgeleitet sowohl vom griechischen Wort éthnos = fremdes Volk, als auch vom germanischen haipio = Heide, unbebautes Land, Waldgegend. Der letzten Deutung zufolge wären »Heiden« Menschen, die ihres alten Glaubens wegen verfolgt wurden und in die Heiden fliehen mussten.

Vielen religiösen Weltanschauungen stand das Ende bevor. Besonders die alten Göttinnenkulte fielen dem christlichen Kaisertum zum Opfer. Der seit dem 6. Jahrhundert v. Chr. bestehende riesige Artemistempel in Ephesos wurde 380 n. Chr. aufgelöst. Für die Tempel der Muttergöttinnen verfügten die römischen Behörden die Schließung. Besonders die weitverbreitete Verehrung der ägyptischen Isis und der kleinasiatischen Kybele war den Christen ein Dorn im Auge. Die Mysterienkulte mit ihren geheimen Riten wurden erbittert bekämpft.

Im Rheinland gab es über mehrere Jahrhunderte hindurch Auseinandersetzungen zwischen dem »Heidentum« und dem Christentum. Die Bevölkerung hielt an den tiefverwurzelten Grundwerten der alten Religionen fest. Noch zur Zeit Konstantins wurde der Großen Göttermutter in Neuß ein Tempel gebaut. Der Altar der »Isis mit den zehntausend Beinamen« am Platz der späteren Friedhofskirche St. Gereon in Köln ist noch nach 345 n. Chr. für Opfer benutzt worden.

Nach 350 setzte sich in den Städten das Christentum immer mehr durch. In den Hauptstädten an Rhein, Mosel und Maas entstanden größere christliche Gemeinden. Köln, Trier und Tongeren wurden erste Bischofssitze. Christliche Begräbnisstätten und kleinere Märtyrerkirchen entstanden u.a. in Bonn, Aachen und Birten bei Xanten.

In den abgelegenen Berggegenden der Eifel bewahrte das Heidentum noch bis zum Ende des 4. Jahrhunderts seine alten Opferstätten. Der »Heidentempel Pesch« erlebte nach 330 seine Blütezeit und bestand bis etwa zum Jahr 400. Zu welchem Zeitpunkt das Christentum sich bis in die entlegensten Gegenden ausdehnte, ist ungewiss, denn mit dem Verfall des Römischen Reiches und mit dem Beginn der Völkerwanderung endet jede Überlieferung durch Schriften und Denkmäler. Gräberfelder der Franken lassen durch fehlende Beigaben erkennen, dass die

Menschen erst nach 700 das Heidentum aufgaben und Christen wurden. Durch die »Gewaltmaßnahmen« Karls des Großen (742–814) »obsiegte« schließlich das Christentum im gesamten Frankenland.

Doch auch als Christen ließen sich die Menschen ihre tradierten religiösen Bräuche und Riten nicht verbieten. So blieb dem Christentum, das sich auf dem Weg zur Weltkirche sah, nichts anderes übrig, als heidnische Praktiken zu integrieren. Die Kulte der Muttergöttinnen flossen in abgewandelter Form in die Verehrung der »Mutter Gottes« ein, als welche Maria seit dem dritten Ökumenischen Konzil – im Jahr 431 in der alten Göttinnenstadt Ephesus abgehalten – verehrt wurde. Maria wurde auch als Heilige Dreifaltigkeit verehrt, denn sie war Tochter, Braut und Mutter Gottes. Die »Mutter dreimal wunderbar« war aber auch die würdige Mutter der ganzen Menschheit. Göttliche Sexualität und frauliche Macht wurden jedoch bei der Marienverehrung immer mehr herabgesetzt und der christlichen Vorstellung von jungfräulicher Keuschheit und fraulicher Demut angepasst. Der Mond wurde nun als Sinnbild der überwundenen Göttin zu Füßen Marias abgebildet.

Auch von den alten Kultplätzen wollten die Menschen nicht lassen. So gab Papst Gregor der Große (589–604) die Anweisung, die Heidentempel nicht zu zerstören, sondern in christliche Kirchen umzutaufen: »Man besprenge mit Weihwasser die Tempel, man errichte Altäre und lege Reliquien hinein. Denn sind jene Kirchen gut gebaut, so muss man sie vom Götzendienst zur wahren Gottesverehrung umschaffen, damit das Volk, wenn es sieht, dass seine Kirchen nicht zerstört werden, von Herzen den Irrglauben ablege, den wahren Gott erkenne und so lieber sich an den Stätten versammle, an die es gewöhnt war.«[26] So stehen viele große Kirchen wie das Aachener und Bonner Münster auf alten Kultplätzen. Auf dem Land haben Dorfkirchen, Kapellen, Bildstöcke und Wegekreuze die ehemaligen heidnischen Heiligtümer ersetzt.

Auch die Verehrung der Matronen-Göttinnen ließ sich nicht ersatzlos abschaffen. Als Heilige lebten diese im Volk weiter, häufig in Dreierform, allerdings nicht als zwei machtvolle Mütter und eine junge Göttin, sondern als drei keusche Jungfrauen. Im Dom zu Worms zeigt ein Relief aus dem 15. Jahrhundert die drei jungfräulichen Bauernheiligen Einbede, Warbede und Wilbede, deren Kult aus vorchristlicher Zeit stammen soll. Die drei »Beden« werden im süddeutschen Raum als Spenderinnen von Segen und Fruchtbarkeit um Schutz und Hilfe angerufen. Ihre Namen werden mit Erde, Sonne und Mond in Verbindung gebracht. Die Silbe »bede« wird mit »beten« gleichgesetzt; »zu den Beden gehen« meint also die Verehrung der Göttinnen.

Ebenfalls unter anderen Bezeichnungen waren die drei heiligen Jungfrauen bekannt, zum Beispiel als die drei Marien unter dem Kreuz Jesu: Maria als Mutter Jesu, Maria Magdalena und Maria Kleophas. Verehrung fanden sie auch als drei heilige Madel: Barbara, Margaretha und Katharina, die einzigen heiligen Frauen unter den vierzehn Nothelfern. Wenn diese heiligen Frauen zwar nach dem Zweiten Vatikanischen Konzil aus dem Heiligenkalender gestrichen wurden, so werden sie im Volksglauben doch als Nothelferinnen weiterhin verehrt.

Im alten Ubierland übernahmen Fides, Spes und Caritas die Stelle der Matronen. Diese Heiligen wurden als »theologische Personifikationen« der drei göttlichen Tugenden Glaube, Hoffnung und Liebe eingesetzt. In der Heiligenlegende ist die heilige Sophia die Mutter der drei Jungfrauen, die in Rom unter Kaiser Hadrians Regierung (117–138) den Märtyrertod durch Enthauptung erlitten haben sollen. Dass Sophie, die weiblich-göttliche Weisheit, die kirchlichen Haupttugenden »bemuttert«, erscheint gesucht und künstlich. »Man merkt, dass damit eine bereits bestehende Verehrung erklärt und in den kirchlichen Bereich übernommen werden soll.«[27] Die drei heiligen, wesensgleichen Schwestern werden als Schützerinnen der Frauen betrachtet. Sie verleihen Eheglück und Fruchtbarkeit und helfen Gebärenden. Ebenfalls werden sie bei Kinderkrankheiten angerufen. Im Volksmund wurden sie Pell-, Schwell- und Krieschmerge genannt und sollten als Marien (Merge) bei Hautkrankheiten (Pell), bei Gliederanschwellungen (Schwell) und bei Weinerlichkeit (Kriesch) helfen. Im Einzelnen galten die drei Heiligen als »segenspendende Jungfrauen, Nothelferinnen, Guttäterinnen, Beschützerinnen des menschlichen Lebens, Heilrätinnen, Pestpatroninnen und Spenderinnen von Fruchtbarkeit für Mensch und Erde.«[28]

Verehrt wurden die drei Jungfrauen besonders vom Volk, nicht so sehr in Pfarrkirchen, eher in Filialgemeinden und in Privatkapellen. Sie waren Volksheilige wie die Matronen Volksgöttinnen gewesen waren. Manche Drei-Jungfrauen-Orte entwickelten sich zu Wallfahrtsorten, so zum Beispiel Thum bei Nideggen, Kalterherberg bei Monschau und Weilerswist im Kreis Euskirchen.

Die drei Heiligen Fides, Spes und Caritas in Weilerswist

Die Verehrung von drei Frauen ist weiterhin aus der Kapelle des Gutes Frauenrath bei Jülich überliefert. Als die Kapelle 1871 abgebrochen wurde, wurde die Verehrung nach Dürboslar übertragen.[29]

Das »Dreijungfernfest« hat man auf den 1. August festgelegt, eines der alten keltischen Jahreszeitenfeste: Lugnasad, das Fest vor der Ernte (Schnitterfest). Es ist der Gegenpol zum 1. Februar, dem keltischen Imbolc, dem Fest des beginnenden Frühlings und der großen Göttin Brigid, die ebenfalls in dreifacher Form verkörpert wurde. Im katholischen Festkalender feiert die Bauernheilige Brigitta am 1. Februar ihren Namenstag, ein Tag später folgt der Maria-Lichtmess-Tag.

Das älteste Beweisstück für die Verehrung von Fides, Spes und Caritas ist ein Bleisiegel des Kölner Erzbischofs Pilgrimus (1029–1036), das 1864 im Altar der Pfarrkirche in Bettenhoven bei Jülich gefunden wurde. Auf der Rückseite zeigt das Konsekrationssiegel die drei Jungfrauen und eine Inschrift, die frei übersetzt »Gegenstand der frommen Verehrung in Köln« lautet. Der Nachfolger dieses Erzbischofs hat ein Siegel mit der gleichen Darstellung benutzt. Der Dreijungfrauenkult muss also zu dieser Zeit eine große Bedeutung in Köln gehabt haben.[30]

Im 9. Jahrhundert tauchen die drei Jungfrauen in einer Litanei von Münstereifel auf. Vom 11. bis 13. Jahrhundert melden sechs Kalender von Köln, Aachen und Xanten den Festtag von Fides, Spes und Caritas. Ein Bild aus dem Mittelalter in der Agneskapelle des Kölner Doms zeigte die drei Schwestern gemeinsam mit der heiligen Kümmernis und dem gekreuzigten Jesu (nicht mehr ausgestellt). Alt überliefert ist der Kult von Fides, Spes und Caritas in Thum. Hier erzählen viele Sagen von den Jungfrauen, den Juffern. Um 1200 ist für Weilerswist die Verehrung von Fides, Spes und Caritas nachgewiesen. In Sistig (Kall) erinnert eine Inschrift in der Kirchenwand an die Verehrung der drei heiligen Schwestern. In Kalterherberg (bei Monschau) ist die Verehrung von Fides, Spes und Caritas alte Tradition. Die Drei-Fische-Tierkreisbilder in der Basilika St. Gereon in Köln und in der Kirche von Wormbach im

Sauerland werden als Erinnerung an drei christianisierte Göttinnen gedeutet.[31]

Erst im 15./16. Jahrhundert übernimmt der Adel den volkstümlichen Dreijungfrauenkult von Fides, Spes und Caritas. Mancherorts erlebt er erst vom 17. bis zum 19. Jahrhundert eine Blütezeit. Das sagt jedoch nichts über Ursprung und Ausübung des Kultes aus: »So ist es falsch zu meinen, dass bei spät beginnender Verehrung nicht doch vorchristliche Vorstellungen einfließen können.«[32]

Auch Bilder von Anna Selbdritt mit der Mutter Anna, Maria und dem Jesuskind haben Ähnlichkeit mit Matronenabbildungen, nur dass Jesus die Position der jungen Frau eingenommen hat. Die Stammmutter Anna ist meist als vornehme selbstbewusste Matrone dargestellt. Ihre jugendliche Tochter Maria steht oder sitzt neben ihr. Jesus hockt oftmals auf dem Schoß seiner Großmutter Anna.

Juffern in der Sagenwelt

Nicht nur im Heiligenhimmel, sondern auch in der Geisterwelt lebten die Matronen weiter. Als Juffern erschienen sie immer wieder in der realen Welt. Es muss allerdings von der Vergangenheit geschrieben werden, denn in neuerer Zeit haben die Juffern wenig Verlangen gezeigt als Lichtgestalten zu erscheinen; oder aber die Menschen haben die Wahrnehmungsfähigkeit so zarter Wesen verloren.

Das Wort Juffer wird heute abfällig gebraucht. Eine Juffer ist laut Volksmeinung eine »sitzen gebliebene« Jungfrau, die verhärmt, verknöchert und sonderlich ist. Das Rheinische Wörterbuch deklariert »en al Juffer« als »alte, untaugliche, mit Unarten versehene Jungfrau«. In den Sagen ist das jedoch ganz anders, dort sind die Juffern selbstbewusste, majestätische, alterslose Damen, vor denen sich die Bäume verneigen. Stets sind es Jungfrauen; von Frausein und Mütterlichkeit ist keine Rede. Die auf Ehe hindeutenden Matronenhauben kommen in den Sagen nicht vor. Kopfbedeckungen sind selten, einmal ein spitzes Hütchen, ein anderes Mal eine Myrtenkrone und einige Male ein Schleier. Die Betonung der Jungfräulichkeit kann ein Hinweis auf die Dominanz der mittleren, jungfräulichen Göttin sein, es kann aber auch die christliche Hervorhebung der Jungfräulichkeit in den Sagenbereich hineingespielt haben.

Besonders viele Juffernsagen sind aus dem Eschweiler, Jülicher und Dürener Raum bekannt, denn dort hat Heinrich Hoffmann um 1900 eifrigst Sagen gesammelt und veröffentlicht.[33] Sicherlich sind in dem Gebiet zwischen Eifel und Rhein ebenfalls viele Juffernsagen erzählt worden, die jedoch nur vereinzelt aufgeschrieben wurden und zum größten Teil vergessen sind. Franz Peter Kürten schrieb, dass es »Tausende der geisternden Juffern und Frauen im Rheinland gibt.«[34]

Auffällig ist, dass die Juffernsagen oftmals dort erzählt wurden, wo – später – Matronensteine gefunden wurden. Nur einige Juffern haben sich in andere Gebiete verirrt. So geistern diese feenhaften Wesen zum Beispiel in der Kindshardt, einem Waldgebiet bei Kall/Eifel, obwohl es in diesem Gebiet keine Hinweise auf Matronenverehrung gibt, d.h. man ist bisher dort nicht auf Weihesteine gestoßen.

In den Erzählungen haben sich viele gleiche Elemente erhalten, so dass davon ausgegangen werden kann, dass die Sagen ein altes Wissen bewahrt haben und sich nur selten an aufgefundenen Matronensteinen orientiert haben. Die Juffer erscheint als Dreierform oder allein; ihr Grundwesen ist gütig. Segnend schreiten Juffern durch ihr Schutzgebiet, das – wie bei den Matronen – auf einen bestimmten Bezirk beschränkt ist.

Durch hübsches Aussehen, hoheitsvollen Gang und vornehme Kleidung differenzieren sich die Juffern gravierend von den alten Hexen der Märchenwelt. Menschen, die von einer Erscheinung der Juffern erzählt haben, ist deren Kleidung aufgefallen, die an die Ubiertracht der Matronen erinnert. Ein Berichterstatter beschrieb eine Juffer folgendermaßen: »Sie war ausnehmend schön von Angesicht und in blendend weiße Gewänder gekleidet.« Die Helligkeit und die weiße Kleidung der Wesen aus der

Anderswelt ließen allgemein von »wisse Juffern« sprechen. Die Gewänder waren lang und rauschten beim Gehen wie Seide, was den Juffern zusätzlich den Namen »ruschige Juffern« einbrachte. Dieses Rauschen kündete die Juffern an, wobei sie nicht unbedingt sichtbar wurden.

Eine feenhafte Juffer war bemüht, dass ihre kostbaren Gewänder nicht den Boden streiften: »Wie die Damen zu Großmutterzeiten beim Tanze die Kleider rafften, so hielt auch sie mit den Händen das rauschende Seidenkleid an beiden Seiten fest und hob es etwas in die Höhe.«[35]

Bewunderung wurde einer vornehmen Dame in einer Kölner Sage gezollt: »Die schlimmsten Spukgeschichten fanden auf der Hochstraße nahe am Severinstor statt. Dort begegnete dem nächtlichen Wanderer eine wunderschöne, fast übergroß gewachsene Frauengestalt. Reich gelockt fiel ihr das Haar, von Perlen und Edelsteinen durchwunden, in den stolzen Nacken, kostbar und prächtig waren ihre Gewänder.«[36]

Aber nicht nur ganz in weiß, sondern auch in schwarz kleideten sich die Juffern: »Die Juffer von Jüngersdorf trug ein schwarzes Gewand wie in Trauer, und ihr Angesicht verhüllte ein lang herabwallender, schwarzer Schleier.«[37] Eine andere Juffer ging halb weiß und halb schwarz um; wieder eine andere war schwarz gekleidet und weiß verschleiert, eine andere weiß gekleidet und schwarz verschleiert. Hier kann sich die Entthronung der Göttinnen widerspiegeln.

Die Juffern kündeten wiederholt den Tod an. Sie waren stumme Wesen, tauchten ohne ein Wort zu sprechen aus der unsichtbaren in die sichtbare Welt auf und verschwanden genauso stumm wieder ins Reich der Geister. Immer wieder wird in den Sagen davor gewarnt, die Jungfrauen anzusprechen, da dies den Tod zur Folge habe. Ein Zusammenhang zur früheren Göttlichkeit dieser Wesen wird dadurch erkennbar: »Dass das Ansprechen göttlicher Wesen, das So-wie-Gott-sein-wollen, den Tod oder eine andere Form der Wandlung nach sich zieht, wurzelt in Urzeiten.«[38]

In der Kölner Sage wird der todbringende Aspekt genau beschrieben: »Wehe dem, der sie anredete; zu ihm wendete sie sich, schloss ihn, ohne ein Wort zu sprechen, an ihre Brust und verschwand. Wen sie also umarmt, den traf der Tod nach einigen Tagen. Blieb aber vorsichtig stumm, dem sie sich als Begleitung zugesellte, dann seufzte sie tief auf, setzte ihr Tischlein [Opfertisch?] an der Ecke des Büchels zur Erde, klatschte in die Hände und war verschwunden.«[39]

In den Sagen wird stets betont, dass »de Lück bang vüe se wore«[40] (Angst hatten), obwohl die Juffern niemandem etwas zu Leide taten, wenn man sie respektierte und in Ruhe ließ. Von einer Juffer in der Kuhgasse in Eschweiler heißt es, dass man ihr nicht zu nahe kommen durfte, »denn die Juffer war gefährlich.«[41] Worin diese Gefährlichkeit lag, wird nicht erklärt.

Auch in der Eifel traute man den Juffern nicht über den Weg: »Wer nächtlicherweile an der versunkenen Ritterburg [Stolzenburg bei Kall-Urft] und der Teufelsader [Römerkanal] vorbei seines Weges gehen muss, der lasse sich nicht von Grauen übermannen und nicht zu beschleunigtem Schritt verleiten; denn unten am Bach sitzen im Dunkel der Nacht die drei Jungfern in weißen Gewändern und spiegeln sich in den leise rinnenden Fluten des Urftbaches und diese durch hastigen, lauten Schritt zu verscheuchen wäre Frevel, der schwer zu büßen ist.«[42] Die Art der Buße hat ein »alter Gewährsmann« vor Jahren so formuliert: »Es war um den geschehen, den sie erblickten.«[43]

Durch die Furcht der Menschen wird die Segenskraft der Juffern nicht geschmälert. Der schützende Charakter der Matronen spiegelt sich unverkennbar in den Juffernsagen wider, denn auch die Juffern beschützen die Früchte der Erde. Besonders auf Obst, das auch der Obhut der Matronen anvertraut war, gaben sie Acht. Unentwegt gingen die Juffern »rund« und passten auf, dass keine reifen Früchte gestohlen wurden. In einer Sage von der Heimbacher Burg wird eine solche Bewachung geschildert: »Wenn Obstdiebe die Bäume erkletterten, erschienen die Juffern, rüttelten heftig an den Bäumen und verscheuchten die Eindringlinge. Sie verfolgten sie bis zur äußeren Ringmauer, klatschten in die Hände und stießen laute Jauchzer aus.«[44]

Von der Vorstellung der Germanen und Kelten, dass Gottheiten in heiligen Bäumen leben, erzählt eine bemerkenswerte Juffernsage aus dem Eschweiler Raum: »In der Azenau bei Gressenich stand früher ein großer, alter Baum. Um Mitternacht kam aus diesem Baum eine weiße Juffer hervor. Sie ging über den Bach an der Gressenicher Mühle vorbei und kehrte dann wieder in den Baum zurück. Wer dieser Juffer auf ihrer Wanderung begegnete, musste in demselben Jahr sterben.«[45] In Türnich bei Kerpen wohnte eine Juffer in einer Buche, der man den Namen Juffernbuche gab.

Die Juffer erschien meist um Mitternacht, »öm 12 Uhr jenau«,[46] manchmal auch beim Beginn der Dunkelheit, gelegentlich auch zur Mittagszeit. Sie war sowohl Nacht- als Tagesgespenst, Mitternachtsfrau und Mittagsmuhme, sie liebte die Sonne und den Mond. Für ihre Naturfeste bevorzugte sie spezielle Tage. Am Feyentag hielt die Juffer Fey in ihrem Wohnsitz nahe der Feybachquelle bei Weyer in der Eifel ein großes Hoffest: »Trotzig und breit starren die Mauern ihrer Burg zur Höhe, Buchen wachsen schlank wie Pfeiler empor und wölben ein Laubdach über Kalksteinriesen und Moosteppich. Wie durch hohe Fenster hindurch dringt der sonnenleuchtende Strahl in geheimnisvolle Nischen. Da ist ein Weben und Blühen, ein Singen und Klingen. Da ist's geheimnisvoll schön. Aber ein Wort steht am Schlosseingang, besonders sichtbar in den Tagen der Sonnenwende: Opgepaaß on net gelaach, höck ös aller Feyen Dag (Aufgepasst und nicht gelacht, heute ist der Tag aller Feen).«[47]

Laut anderer Überlieferung wurde der Feyentag nicht zu den Sonnenwenden gefeiert, sondern lag in der Herbstzeit, »wenn die ersten Blätter von den Bäumen fallen.«[48]

Die Juffern erschienen stets an bestimmten Plätzen. Die Juffer Fey hatte bei Satzvey einen Zweitwohnsitz: »Zwischen Satzvey und Veynau ist in dem Wiesental eine sumpfige, mit Bäumen und Gesträuch, Binsen und Schilf bewachsene Stelle, welche die Jufferfey genannt wird.«

Die Nörvenicher Juffern hausten «e paar Wörp von de Jöhscheme Berg av, wo et em aale Weihe heesch«[49] (ein paar Wurf vom ›Jöschemer Berg‹ entfernt, wo es im alten Weiher heißt). In einem Wagen mit feurigen Rädern fuhr eine weiße Frau durch die Wahner Heide. Dort sollen sich in einem ausgehöhlten Riesenstein, dem Hollstein, die Menschen, »die nicht den Weg zum Christentum mitgingen«, versteckt haben und durch einen unterirdischen Gang zum heiligen Berg Lüderich gegangen sein.[50]

In Nettersheim saßen die Juffern in mondhellen Nächten an den Stellen, wo jeweils der Schleifbach und der Wellerbach in die Urft fließen, also unterhalb des Matronentempels. Auch an anderen Orten spukten die Juffern an Bächen und Flüssen, den Begleitern der Matronenverehrung.

Manche Juffern hatten sich in alten Burggemäuern niedergelassen (Eschweiler, Heimbach, Juntersdorf) und werden daher mit verstorbenen Burgjungfrauen gleichgesetzt. Ihr Aussehen, ihre Erscheinungsform und ihr Wesen entsprechen aber eindeutig den Juffernmerkmalen. Ob auch die »schatzhütenden Juffern«, die »Heimatrecht im Siebengebirge« haben, mit den Matronen verwandt sind? Sie erschienen auf dem »Heidchen« zwischen Drachenfels und Wolkenburg, auf der Löwenburg und auf der Rosenau.

Auch die Wanderrouten der Juffern sind festgelegt. In Derichsweiler im Kreis Düren gab es einen besonderen Weg für die Juffern, et Jufferpättche (Jungfernpfad): »Do soll ne Jötzentempel jestange hann. Dat es jet us dr all Zeck. Dat wued ad emme vürann verzellt«[51] (Da soll ein Götzentempel gestanden haben. Das ist etwas aus der alten Zeit. Das wurde immer weitererzählt.) Gerne wandelten die Juffern auf den alten Römerstraßen oder an mysteriösen Kreuzwegen, so zum Beispiel in Gürzenich, wo eine von Düren kommende Straße durch einen Feldweg gekreuzt wurde.

Tanzende Juffern geben Hinweise auf fröhliche Fruchtbarkeits- und mythische Mondtänze. Die Jufferntanzplätze sind nicht mit den Hexentanzplätzen identisch, denn nicht im dunklen Wald, sondern auf Wiesen und Feldern hielten die Juffern im Mai und zur Mitsommerzeit ihre Tanzfeste ab. Auch wenn die Juffern »wie ein Sturmwind vorbeisausen«, ist eine Verbindung zum Tanz erkennbar. Beim Tanzen offenbart sich das heitere Wesen der Juffern, das in den häufigen Jauchzern fröhliche Urständ feierte. Obwohl die Juffern in der Regel sehr geräuschempfindlich waren, machte ihnen das Händeklatschen, mit dem sie sich jauchzend aus der Menschenwelt verabschiedeten, anscheinend riesigen Spaß.

Fast ausgelassen erscheinen die Juffern in einer Erzählung von Merzenich bei Düren. Dort sah ein Bauer drei tanzende Juffern, als er auf dem Feld mittags seine mitgebrachten Brotschnitten verzehrte: »Während des Essens hörte er auf einmal ein Lachen und Jauchzen. Neugierig erhob er sich: da erblickte er drei Juffern, die sich an den Händen gefasst hielten und in seinem Hafer im Kreise umhertanzten. Entrüstet rief er ihnen zu: ›Jot do wäg! Wat hat ihr en mengem Haver zu donn?‹ (Geht weg da! Was habt ihr in meinem Hafer zu tun?) Die drei Jungfrauen hielten zwar einen Augenblick in ihrem fröhlichen Tun ein, setzten aber dann den Tanz unter lautem Gejauchze noch eine Weile fort, doch als er auf sie zukam, waren sie plötzlich verschwunden. Wie er sich nun den Schaden besehen wollte, fand er, dass kein Halm geknickt war, auch ihre Füße hatten keine Spur zurückgelassen. Da wurde ihm ganz ängstlich zumute, und in Zukunft blieb er nie mehr über Mittag auf dem Felde.«[52]

Die Juffern zog es gerne zu vorchristlichen Kultplätzen und zu alten Kirchen. Zwischen Engelgau und Nettersheim im Genfbachtal steht auf römischen Fundamenten eine uralte Kapelle, die Ahekapelle. Auch hierhin zog es die Juffern. Wenn sie sich der Kapelle näherten und diese erblickten, begannen durch die Macht der Juffern die dortigen Glocken von selbst an zu läuten. In den alten Kirchen von Thum und Brenig erklangen von selbst Glocken, als sich die drei heiligen Jungfrauen Fides, Spes und Caritas den Orten näherten.[53]

Im »Heidentempel« zwischen Pesch und Nöthen soll laut alter Überlieferung am Heiligabend, der angelsächsischen Mütternacht, eine Glocke läuten. Diese Überlieferung lässt an die irische Ballade »Die Glocke von Innisfare«, denken, die von

Friedrich Halm in einem ellenlangen Weihnachtsgedicht in Reime gebracht wurde. Auch hier erklingt in der Weihnachtsnacht aus eigener Kraft die Glocke in einem alten Kloster und bringt einer todkranken Mutter wundersame Heilung.[54]

In Bonn haben die Glocken des Münsters die alten Götter und damit die dortigen Matronen vertrieben: »Das Bonner Münster ragt hoch über das Häusermeer der Stadt empor. In grauer Vorzeit stand hier ein Heidentempel, an dem an einem großen Opferstein die Ubier der Gegend ihren Göttern opferten. An diesem Altar mag mancher Kriegsgefangene und Sklave verblutet sein. Als die heilige Helena, die Mutter des Kaisers Konstantin, nach Bonn kam, sank der Tempel in Trümmer. Die fromme Kaiserin ließ auch die Eichen fällen, die das Heiligtum der Heiden umgaben. Hier erhob sich bald zu Ehren des heiligen Cassius ein neues Heiligtum, eine Kirche ... Sooft ein Gewitter über das Bonner Land heraufzog, haben die Münsterglocken mit ehernem Mund die Leute drunten gewarnt und jedes Mal vereinigte sich das Gebrüll des Donners mit ihrem metallenen Mahnruf. Besonders schauerlich ist's am Münster, wenn um die Mitternachtsstunde ein Gewitter heraufzieht. Dann erheben sich beim ersten Donnerschlag von jener Stätte, wo einst ihr Tempel stand, die Geister der Götzendiener ...«[55]

Dass die Juffern die Hilfe der Menschen brauchen, erzählt die Sage »Die drei Juffern von Morken«. In Morken/Harff bei Bedburg wurden 1958 über 500 Matronenbruchstücke gefunden. Dort hat man sich in einer Sage, die sieben Jahre vor den Funden veröffentlicht wurde, an den ursprünglichen Sinn der Opfergaben für die Wesen der Natur erinnert. Sobald regelmäßig ein Opfer gebracht wird, ergießt sich der Segen über Haus und Hof. Die hier in voller Länge wiedergegebene Erzählung «Die drei Juffern aus Morken« ist voller Matronensymbolik. Die Orte Morken und Harff wurden dem Braunkohleabbau geopfert. In der Sage scheint es fast so, als ob die Juffern ahnen, dass ihr Schutzgebiet bedroht ist.

Die drei Juffern von Morken

Abend war es. Der Nebel stieg aus den Wiesen, wallte und wogte wie weiße Schleier und hob und senkte sich wieder in seltsamen Gebilden. Das Mondlicht schimmerte silbern auf den Wassern der Erft und breitete sich mild über die stille Landschaft. Da schritt ein Bauer, von Frimmersdorf kommend, längs der Erft eilends auf Morken zu. Ab und zu rauschten die Wasser des Flusses murmelnd auf, und im Gras, das seine Füße streiften, regte sich traumschwer erwachtes Getier. Dem Mann schien die vertraute Landschaft so weit und einsam wie nie zuvor. Nur die Nebel wallten und wogten, hoben und senkten sich in seltsamen Gebilden.

Plötzlich sah der Wanderer in einiger Entfernung drei verhüllte Frauengestalten. Was taten die Frauen auf dem einsamen nächtlichen Weg, so weit noch vom Dorf? Da bemerkte er, dass die eine die Arme hob und wie segnend – oder bittend? – breitete. Weiterschreitend dünkte es dem Mann, die Gestalten seien Nebelgebilde. Aber sie blieben am Weg, wichen nur etwas zur Seite. Als er näherkam, hoben nun alle drei mit heftigen Bewegungen die Arme und winkten ihm schweigend zu. Es schien dem Mann immer mehr, als liege ein banges Flehen in ihren Gebärden, und dann sah er, dass die Gestalten manchmal einander stützen mussten wie Menschen, die von einem weiten Weg ermüdet sind. Da dauerte es den Mann, dass er weder Brot noch Milch oder Obst oder andere Labung bei sich hatte, und er ging in verlegenem Schweigen vorüber. Künftig werde er – so nahm er sich in einer plötzlichen Aufwallung vor – auf dem Tisch vor seinem Haus abends einen Krug mit Milch und ein Stück Brot bereitstellen, dass die, die noch wandern mussten, wenn andere schon ruhten, auch des Nachts bei ihm eine Labung fänden; und wie unsinnig ihm dieser Vorsatz später auch manchmal erscheinen mochte, er hielt ihn getreu bis zum Tode.

Nach der Begegnung mit den drei seltsamen Frauen ging der Bauer nachdenklich weiter. Es war ihm ganz eigen zumute, so als müsse er jetzt inmitten der nächtlichen Landschaft sein augenblickliches Leben und Schaffen überdenken. Nichts stach

Haihover Juffer, Geilenkirchen

als Besonderes aus dem Ablauf seiner Jahre hervor. Ein Tag reihte sich, mit Arbeit angefüllt, an den andern, ab und zu von einem frohen Fest unterbrochen, auf das man sich dann lange freute. Er hatte ein gutes und fleißiges Weib und einen Besitz, der seinen Mann ernährte. Emsig schaffen musste er zwar, aber er arbeitete gern. Nur fehlte ihm und seiner Frau das, was sie seit zehn Jahren vergebens erhofften: der Kindersegen.

Am anderen Morgen erzählte der Bauer seiner Frau von der seltsamen nächtlichen Begegnung und dem unterwegs gefassten Vorsatz. Verwundert lauschte die Frau, doch war sie bereit, diesen Vorsatz mit zu erfüllen. Hinfort stand allabendlich vor des Bauern Haus ein Krug Milch und ein Stück Brot für hungrige nächtliche Wanderer bereit. Und seltsam war's, jeden Morgen war der Krug leer und das Brot verschwunden und ein Apfel lag auf dem Tisch, obwohl lange Zeit keiner vom Gesinde von der bereit gestellten Wegzehrung wusste, also auch keiner sich einen üblen Scherz damit erlauben konnte. Noch seltsamer aber schien es dem Mann, dass sein Garten und seine Felder seit jenem Tag reichere Frucht brachten als je zuvor, und auch seine Frau war anders geworden, war von jenem Tage an wie umgewandelt und so heiter und fröhlich wie früher als Mädchen. Als dann das für die beiden so Beglückende sich wirklich erfüllte und nach Monaten ein Kind in der Wiege lag, war auch der Bauer von tiefer Freude erfüllt. Und wenn er später mit seiner Frau von dieser Zeit und dem sich seither mehrenden Segen in Feld und Haus sprach, so erinnerte er sie immer an die Begegnung mit den drei stillen Gestalten und daran, wie er den Vorsatz gefasst, allabendlich für nächtliche Wanderer eine Wegzehrung bereit zu stellen.[56]

Die Haihover Juffer von Geilenkirchen

In Geilenkirchen treffen wir – etwas außerhalb des Juffergebietes (Eifel, Eschweiler, Jülicher und Dürener Land) – auf eine Juffer (Jungfer, Jungfrau), die nach einem nahen, längst aufgegebenem Hof, dem Haihof, die Haihover Juffer genannt wird. Die Überlieferungen scheinen zunächst eher eine Hexengeschichte als eine Juffernsage anzudeuten: Eine Tochter eines Haihofbauern lebte nach dem Tod ihrer Eltern alleine auf dem Landgut. Sie hatte sich Hexenkulten und schwarzer Magie zugewandt. In einer Osternacht huldigte sie dem Teufel mit einem ekstatischen Tanz, der wohl etwas zu stürmisch ausfiel, denn das Mädchen stürzte dabei in die »wilde« Wurm. Sie ertrank in den Fluten des Flusses, aber ihre Seele fand keine Ruhe und so irrte sie in Zukunft Nacht für Nacht als weiße Dame durch die Wurmauen.

Nun werden ruhelose Hexen in der Regel nicht zu weißen Damen und in feuchten Wiesen und in der Nähe von Flüssen tummeln sie sich auch nicht. Da scheint hinter der Geschichte vom Bauernmädchen doch eine ältere Sage von einer »wissen Juffer« zu stecken. Es wird auch erwähnt, dass die Wurm stets von wallendem Nebel eingehüllt ist, und der Nebel ist ebenfalls ein Rückzugsgebiet für Juffern, die oft als geheimnisvolle Nebelgestalten erscheinen.

Dass die Haihover Juffer ein Nachtgespenst ist, zeigt folgende Sage: »Als ein Bauer aus Teveren nach einem feucht fröhlichen Abend sich um Mitternacht auf den Heimweg machte, erschien ihm an den Wurmauen in einer Sturmböe eine weiße Dame. Sie packte ihn mit ihren dürren Krallenhänden und wirbelte ihn in rasendem Tempo im Kreis, geradewegs auf den Fluss zu. Der Bauer rief in Todesangst Jesus, Maria und Josef um Beistand an und blitzschnell verschwand die Spukgestalt. Der Bauer fand sich in einem Weidenstrauch wieder und hechtete auf schnellstem Weg nach Hause. Andere Nachtschwärmer sollen bei mitternächtlichen Begegnungen mit der Haihover Juffer nicht so glimpflich davongekommen sein.«

Damit die Haihover Juffer in Geilenkirchen nicht vergessen wird, wurde von der Stadt Geilenkirchen eine Bronzeplastik von Bonifatius Stirnberg in der Gerbergasse aufgestellt. Die als Springbrunnen tätige Dame gleicht sowohl einer Juffer als auch einer Hexe. Besonders die krallenartigen, Wasser speienden Finger haben etwas Hexenartiges an sich. Irgendwann in den heimischen Stuben scheinen die beiden Sagengestalten sich vermischt zu haben.

Erstmals für eine sagenhafte Juffer ist es geschehen, dass um sie prozessiert wurde. Es ging um einen Urheberrechtsstreit. Doch die Gewinnerin war schließlich die Haihover Juffer[57] von Geilenkirchen, sie durfte ihren Platz behalten. Denn sie hat im Laufe der Geschichte manche Querelen überdauert und wenn sie nicht letztendlich doch den Geist aufgegeben hat, geistert sie noch immer in den Wurmauen umher.

Wesen und Zuständigkeit der Matronen

Meist werden die Matronen als Fruchtbarkeitsgöttinnen oder Muttergottheiten bezeichnet. Diese Begriffe sind allerdings sehr allgemein gehalten. Wie die Geschichte belegt, ist der Matronenkult aus unterschiedlichen Kulturen entstanden und von mehreren religiösen Richtungen überlagert worden. Es ist daher unmöglich, die Göttinnen in eine Kategorie einzuordnen oder genau zu analysieren. Sicher wurden die Matronen bei unterschiedlichen Anlässen angerufen, so wie im Christentum in vielerlei Anliegen zu Maria gebetet wird. Jeder, der über die Matronen geschrieben hat, hat versucht, deren volksreligiöse Funktion irgendwie zu benennen. Einige Erkenntnisse werden hier wiedergegeben. Die »Litanei« ließe sich noch um einiges verlängern.

Mütterlich-milde Schutzgöttinnen der Familie und des Hauses
Schützerinnen von Leib und Leben, Haus, Hof und Heimat
Schutzpatrone der ländlichen Flur, der Sippe und Gemeinde
Beschirmerinnen des Ackerbaus und des Obstbaus
Schutzpatrone der Gärten und Weinberge
Familiäre matronale Bauerngöttinnen
gute Geister von Haus und Hof
Haus- und Feldbeschirmerinnen
Beschützerinnen von Familie und Haus, Ort und Flur
Schutzgenien von Familien und blutsverwandten Verbänden
Schutzgeister von Wald, Weide, Feld, Flur und Haustieren

Mütterlich waltende, topisch agrarische Götterfrauen
Schutzgeister des Weibes als Geschlechtswesen
Schutzpatrone, die jegliche Unbill fernhalten
Muttergottheiten von Personalverbänden
Haus und Feld beschirmende Mütter

Die Matronen sind schützende göttliche Wesen, die das Leben und den Lebensbereich einer bestimmten Menschengruppe behüten. Das kann eine Familie, eine Sippe oder ein Volksstamm sein. Haus und Hof, Feld und Flur, Wald und Weide stehen unter ihrer Obhut. Das Gebiet ist dabei genau abgesteckt. Vor welchen Gefahren die Matronen ihre Schützlinge bewahren, wird in den obigen Beispielen nur ein einziges Mal angegeben; vor jeglicher Unbill. Diese »Unbill« können Krankheiten und Seuchen, Hunger und Not sowie Witterungsunbilden und Naturkatastrophen gewesen sein. Mächtiger göttlicher Beistand ist zusätzlich nötig bei Bedrohung durch feindliche Stämme.

Als gute Genien vertreiben die Schutzmatronen die bösen Geister. Diese lauern überall, sowohl im Menschen selbst als in Haus und Hof, auf und unter der Erde sowie in den Lüften. Über das von allem Bösen befreite Land können die Göttinnen »mit mütterlicher Sorgfalt« ihren Segen ausbreiten und ihre guten Gaben an die Bewohner austeilen. Als segenspendende Fruchtbarkeitsmächte wurden die Göttinnen in Berichten wie folgt tituliert:

Göttinnen, die Wohlstand und Glück in Haus und Hof vermehren
Fruchtbarkeitsspenderinnen für den Menschen und seine Scholle
Spenderinnen göttlichen Segens und wachsender Klarheit
Spenderinnen von Frieden, Wohlstand und Wachstum
Spenderinnen der Fruchtbarkeit und des Erntesegen
Geheimnisvolle Bewirkerinnen der Fruchtbarkeit
Hüterinnen und Geberinnen allen Lebens
Schöpferische Kraft und Fülle der Natur
Spenderinnen irdischer Glücksgüter

Geschmückte Matronensteine (alter Standort) in Nettersheim

Der Fruchtbarkeitsaspekt der Göttinnen betrifft zunächst einmal ganz konkret diejenigen Früchte, die der Ernährung dienen: Birnen, Äpfel und Getreide. Neben diesen nützlichen Produkten sind auch die freudebringenden Dinge der Natur wichtig: Blumen, Zweige oder Vögel. Die schöpferische Kraft der Fruchtbarkeitsmächte wirkt in der Gesamtheit der Natur.

Die mütterliche Fruchtbarkeit und der Kindersegen sind bei den Matronenbildnissen – im Gegensatz zu den Matresabbildungen– nicht dargestellt. Wenn die Matronen für den »Mutterschutz« zuständig sind, dann nur als Hüterinnen allen Werdens im Einklang mit der Natur. Im Menschenleben beeinflussen die Fruchtbarkeitsgöttinnen das Leben und den Tod, aus dem neues Leben erwächst. In dieser Beziehung sind sie Muttergottheiten und erinnern an die Große Göttin, die alles Leben gebärt, beschützt und wieder gebärt. Als diese lebensspendenden

Mütter können die Matronen schützen und beschützen, hüten und behüten, wahren und bewahren, spenden und geben. Allerdings erwarten sie dafür Gegengaben. Die Menschen müssen ihrerseits ihre Gottheiten schützen, deren Kultplätze hüten und behüten, den alten Glauben wahren, bewahren und weitergeben. Die römische Darstellung der Matronen zeigt, dass die Macht über Leben, Tod und neues Leben im Schoß der Göttinnen und damit im Schoß der Frauen liegt.

Gedeutet wird die Matronendreiheit auch als Pythia, Wahrsagerin, Seherin oder Schicksalskünderin. Das thronende Sitzen und die Versunkenheit in sich selbst erinnern an Schicksalsgöttinnen, die den griechischen Moiren, den römischen Parzen oder den germanischen Nornen ähneln. Der Baum der Erkenntnis und die Schlange auf den Weihesteinen weisen ebenfalls auf den prophetischen Charakter der Göttinnen hin. Die Matronen wären somit die Göttinnen der Zukunft, die aus Vergangenheit und Gegenwart schöpfen.

Neben ihrer bildlichen Erscheinung werden die Matronen nach ihrer Urgestalt beurteilt, wobei in die Zeit vor der Bildwerdung zurückgeführt wird. So werden sie als Sonne, Mond und Erde gesehen, die als Sinnbilder bei der Bildwerdung Ausdruck fanden. Die beiden äußeren Matronen mit ihren runden Hauben sind nach dieser Theorie Symbole für Sonne und Mond, während die Mittelfigur die Erde darstellt. Diese ist somit eine wirkliche Mutter, nämlich die Mutter Erde, gleichzeitig ist sie Jungfrau, die jungfräuliche, unversehrte Erde. Die jugendliche Frauengestalt ist damit zwar nicht menschlich – wie manchmal spekuliert wird –, aber doch erdenhaft, während die Mütter himmlisch-göttlich sind.

Überträgt man die These von Sonne-Erde-Mond auf das Frauenleben, so ist das heranwachsende Mädchen von der Realität der Sonne und der Intuition des Mondes umgeben; das heißt konkret, dass es im Schutz einer leiblichen und einer geistigen Mutter aufwächst. Genau dieses Bild zeigt die Matronentrias. Die geistige Mutter kann die Göttin (Patin) oder die weise Alte sein. In der Heiligengeschichte werden die drei Bauernheiligen

Einbede, Warbede und Wilbede ebenfalls als Symbole für Erde, Sonne und Mond gehalten.

Die Deutung Sonne–Erde-Mond scheint den Matronenkult auf den Punkt zu bringen. Nur eines stimmt nicht bei dieser faszinierenden These: Die Sonne war nämlich stets der männliche Teil in der Götterwelt und wurde nicht als Göttin dargestellt. Gemeinsam als weibliches und männliches Prinzip unterstreichen Mond und Sonne den Fruchtbarkeitsaspekt.

Mond- und Sonnenkult stehen zwar im Gegensatz zueinander, verschmelzen jedoch miteinander zu einem weiblich-männlichen Ganzen: »Der Mondkult beruht auf der Offenbarung, die in der Reihung Tod – Fruchtbarkeit – Wiedergeburt zum Ausdruck kommt, wobei die Betonung auf der Wiedergeburt liegt. Beim Sonnenkult dagegen liegt in der Kette Leben – Agonie – Tod die Betonung auf Tod. Man stelle sich nun diese beiden gegensätzlichen Kulte als Halbkreise vor, die zu einem Kreis zusammengefügt werden. Nun ergibt sich eine Kette ohne Ende, eine endlose Bewegung.«[58]

Die Bild-Darstellung der drei Frauen demonstriert klar, dass die Göttinnen eine bestimmte Personengruppe unter ihren bevorzugten Schutz und Schirm nehmen: die Frauen. Dabei beschützten sie deren ganzes Leben und den Lebenskreis von jungen Jahren bis zum greisen-weisen Alter. Ihrerseits verehren die Frauen intensiv »ihre« Göttinnen. Eine »Frauenversammlung« auf einem in Bonn gefundenen Matronenrelief macht sehr deutlich, dass Matronenkult vorwiegend Frauenkult war.

Die Matronen künden bis heute von Macht, Würde und Weisheit. Gemeinsam auf ihrer Bank thronend demonstrieren sie eine innere Solidarität. Vielleicht ist diese Solidarität die göttliche Botschaft an die heutigen Frauen. Eine einzelne Frau kann stark sein, aber drei Frauen gemeinsam können mächtig sein. Ein Sprichwort aus Indien hat eine dementsprechende alte Weisheit bewahrt:

»Wenn drei Frauen sich zusammentun,
sieht man die Sterne am lichten Tage.«

Quellenangaben

1 Sophie Lange: Im Tal der wogenden Nebel. In Ralf Kramp, Manfred Lang: Abendgrauen, Elsdorf 1999, S. 171–175

2 Publius Cornelius Tacitus: Germania. Übersetzung Dr. Wilhelm Harendza, S. 17

3 Christoph B Rüger: Beobachtungen zu den epigraphischen Belegen der Muttergottheiten. In: Matronen und verwandte Gottheiten, Köln 1987, S. 24

4 Frank Biller: Kultische Zentren und Matronenverehrung in der südlichen Germania inferior. In: Antike Religionsgeschichte in räumlicher Perspektive. Hrsg. Von Jörg Rüpke, Tübingen 2007, S. 31

5 Wolfgang Spickermann: Germania Inferior, Tübingen 2008, S. 139

6 Harald von Petrikovits: Zusammenfassende Bemerkungen. In: Matronen und verwandte Gottheiten, S. 246

7 Ernst Bickel: Die Matronenhaube am Niederrhein als Fruchtbarkeitszeremonial im Vegetationskult. In: Bonner Jahrbücher, BJ 143/144, 1939, S. 219

8 www.frauenmuseum.de/ateliers/atelier1.htm

9 Vgl. Lothar Hahl: Zur Erklärung der niedergermanischen Matronendenkmäler. In: BJ 160, 1960, S. 9–49

10 Annette Kuhn: 2000 Jahre Bonn zu Ehren der aufanischen Matronen – ein feministischer Geburtstagswunsch. In: Die Bonnerinnen, Bonn 1988, S. 23

11 Myrionyma Prima: Nur ein paar olle Steine ..., Manuskript, o. J. S. 6

12 Wolfgang Spickermann: Germania Inferior, Tübingen 2008, S. 75 (S. 279–280)

13 Prof. Dr. Hans Lehner: Die antiken Steindenkmäler des Provinzialmuseums Bonn, 1918; Bruchstück eines Altars, S. 188, Nr. 493

14 Denise Whitefeather Linn: Ein Kissen voller Träume. Das magische Traumbuch, S. 180

15 Frank Biller: Religiöse Zentren im Süden der Germania Inferior. Eine Untersuchung zu den religiösen Verhältnissen in Niedergermanien unter besonderer Berücksichtigung der Matronenkulte. Dissertation, Osnabrück 2005

16 Heinz Günter Horn: Bilddenkmäler des Matronenkults im Ubiergebiet/Der Baumkult. In: Matronen und verwandte Gottheiten, Köln 1987, S. 49

17 www.wingarden.de/woeng/zeit-veith/niederberg/html
www.sophie-lange.de/Kakushoehle/21.htm

18 Christa Mulack: Maria, die geheime Göttin im Christentum, Zürich 1985, S. 171

19 GardenStone: Die Rückkehr der Göttin Nehalennia. Usingen 2008, S. 259

20 Dierk Wortmann: Ein Pinienzapfen aus einem Bleisarg von Lommersum-Bodenheim, Kreis Euskirchen. In: BJ 170, 1970, S. 264

21 Sylvia und Paul Botheroyd: Lexikon der keltischen Mythologie, München 1992, S. 227

22 Brigitte Beyer und Bernd Päffgen: Neue Steindenkmäler aus einem römischen Matronenheiligtum bei Inden. In: Archäologie im Rheinland 2006, S. 132

23 Jutta Voss: Das Schwarzmond-Tabu, Zürich 1988, S. 233

24 Günter Neumann: Die germanischen Matronen-Beinamen. In: Matronen und verwandte Gottheiten, Köln 1987, S. 103

25 Frank Biller: Eine fast vergessene Matronenweihung aus Bad Münstereifel, Kreis Euskirchen In: Archäologie im Rheinland 2001, S. 69–72

26 Dr. Walter Kaemmerer: Zur Religionsgeschichte des Kreises Schleiden. In: Heimatkalender Kreis Schleiden 1956, S. 44

27 Mathias Zender: Die Matronen und ihre Nachfolgerinnen im Rheinland. In: Rheinische Vierteljahresblätter, Bonn 1940, S. 166

28 Wolfgang Heiligendorff: Der keltische Matronenkultus und seine Fortentwicklung im deutschen Mythos. In: Form und Geist, Leipzig 1934, S. 55

29 Die Kunstdenkmäler des Kreises Jülich, 1902, S. 58

30 J. Freudenberg: Ein merkwürdiges Bleisiegel des Kölnischen Erzbischofs Pilgrimus. In: Jahrbücher des Vereins von Altertumsfreunden 52, 1872

31 H. Kaminski: Die Götter des Landes Vestfalen, Freiburg 1988

32 Mathias Zender. Die Verehrung von drei heiligen Frauen im christlichen Mitteleuropa. In: Matronen und verwandte Gottheiten, Köln 1987, S. 227

33 Heinrich Hoffmann: Zur Volkskunde des Jülicher Landes.
1. Teil: Sagen aus dem Rurgebiet, Eschweiler 1911
2. Teil: Sagen aus dem Indegebiet. Eschweiler 1914
Gottfried Henßen: Sagen, Märchen und Schwänke des Jülicher Landes, aus dem Nachlass Heinrich Hoffmanns, Bonn 1955

34 Franz Peter Kürten: Volksleben und Lande am Rhein, Köln 1974, Band IV, S. 125

35 Hoffmann, Rurgebiet: Die »wisse Juffer« am Bilsteine, S. 61, Nr. 148

36 A. Kurs: Sagen- und Legendenbuch, Köln 1881

37 Hoffmann, Indegebiet: Die schwarze Juffer, S. 67, Nr. 174

38 Sophie Lange: Göttliche Matronen, heilende Marien und sagenhafte Juffern. In: Schriftenreihe des Eschweiler Geschichtsvereins, Eschweiler 12/1991, S. 35
www.sophie-lange.de/matronenkult/14htm

39 Allerlei Geisterspuk. In: A.Kurs: Rheinlands Sagen und Legenden, Köln 1881, S. 51/52

40 Henßen, Was verstanden die altern Leute unter den Juffern, S. 143, Nr, 247

41 Hoffmann, Indegebiet, Die weiße Juffer in der Kuhgasse, S. 141, Nr. 361

42 Franz Cramer: Römischer Matronenkultus im Spiegel der Volksüberlieferung. In: Eifelkalender 1936, S. 29

43 a.a.O. Franz Cramer, S. 29

44 a.a.O. Hoffmann, Rurgebiet, Die Juffern von Heimbach, S. 9, Nr. 21

45 a.a.O. Hoffmann – Indegebiet, Die weiße Juffer, S. 109, Nr. 267

46 Klaus Krüger: Bei Tau und Nebel am fließenden Wasser. In: Kreis Euskirchen Jahrbuch 1992, S. 12

47 H. Roggendorf, Mechernich: Altes und Neues zur Heimat- und Pfarrgeschichte, Köln 1929, S. 123

48 mehrere mündliche Überlieferungen

49 a.a.O. Henßen Die Nörvenicher Juffer, S. 140, Nr. 242

50 vgl. Franz Peter Kürten. Der Holstein in der Wahner Heide. In: Volkleben und Lande am Rhein, Hartmond, S. 55

51 a.a.O. Henßen, Das Jufernpfädchen, S. 149, Nr. 256

52 a.a.O. Henßen: Die tanzenden Juffern, S. 149 , Nr. 254

53 Vgl. a.a.O. Henßen Ahekapelle Engelgau, S. 148, Nr. 251;
vgl. a.a.O. Hoffmann Rurgebiet Die drei heiligen Jungfrauen zu Thum, S. 46, Nr. 110

54 Friedrich Halm: Die Glocke von Innisfare. In: Ernst Heinrich Bethge: Tag der Mutter.

55 Karl Guthausen: Sagen und Legenden aus Eifel und Ardennen, Band 2, Aachen 1994, S. 170. Nach W. Ruland

56 M. Cremer: Was sich die Leute an der Erft erzählen. In: Erftbote 1951, S. 74–76

57 vgl. Georg Schmitz: Haihover Juffer bleibt an ihrem Platz. In: Aachener Zeitung, Lokales Geilenkirchen, 19.02.2003;
vgl. Johannes Gottwald: Haihover Straße: Von schwarzer Magie und einer weißen Dame. In: Aachener Zeitung, Lokales Geilenkirchen, 05.08.2014

58 Lancelot Lengyel: Das geheime Wissen der Kelten, Freiburg 1976, S. 78

TEIL 2

Matronentempel und Fundstätten von Weihesteinen

Obwohl im Rheinland zahlreiche Matronensteine gefunden wurden, waren bis nach 1900 Reste von Tempeln und Hinweise auf Matronenheiligtümer so selten, dass angenommen werden musste, die Denkmäler hätten ausschließlich auf privatem Grund und Boden gestanden. Tempelbezirke, die den Matronen geweiht waren, hielt man für unwahrscheinlich. Die Auffindung der Tempel in Nettersheim und Pesch revidierte diese Ansicht grundlegend. Das Heiligtum in Nettersheim ist der einzige im ursprünglichen Grundriss erhaltene Tempel, der ausschließlich den Matronen geweiht war. Er verdient daher besondere Beachtung und Beschreibung.

Das Heiligtum der Matronae Aufaniae bei Nettersheim

Der Matronenkultplatz mit der Flurbezeichnung Görresburg bei Nettersheim zieht viele Menschen an. Unter Zeitdruck stehende Touristen überfliegen die Informationstafel, betreten den Platz (von hinten), schießen ein paar Fotos und haken den gallo-römischen Tempelbezirk auf ihrer langen Liste der Sehenswürdigkeiten ab. Auch der kilometerhungrige Wanderer verlässt mit einem »Nur ein paar Mauern« sehr bald wieder den teilrestaurierten Tempelbezirk.

Wer sich jedoch Zeit nimmt, der wird manche Merk- und Sehenswürdigkeit im Tempel und dessen »Bannkreis« entdecken. Der heimatkundlich oder geschichtlich Interessierte, der sich intensiv mit der Matronenverehrung beschäftigt, findet ein vielfältiges Forschungsfeld auf der Görresburg. Der Naturfreund entdeckt die Schönheiten dieses Fleckchens Erde, genießt den Blick über die Täler, beobachtet fasziniert das Licht-Schatten-Spiel von Sonne und Wolken auf den Wiesen, lauscht dem Lied des Windes und dem Gesang der Vögel, riecht die Frische des Grases und der Erde und erahnt die Allkraft der Mutter Natur.

Die Görresburg ist aber auch Ziel von Menschen, die auf der Suche nach heilig-heilenden Plätzen sind und – im Gegensatz zu energiekonsumierenden »Kraftort-Touristen« – sehr einfühlsam mit den Kräften der Erde umgehen. Frauen entdecken auf dem geschichtsträchtigen Kultplatz alte Frauenmacht und neue Frauenkraft. Wer sich Muße nimmt für eine meditative Betrachtung der Matronen-Bildnisse, wird von der steinernen Gelassenheit der drei thronenden Göttinnen eingefangen. Wer sich auf die Erdkraft des Ortes einlässt und das »Reich« der Matronen ganzheitlich erfasst, spürt etwas von der uralten Magie und kommt zu Bewertungen folgender Art: Eine typische Kult-Gegend, eine heilige Landschaft, ein Stück Irland, ein keltisches Paradies, Eiflia magica.

Die Ent-deckung

Die »Görresburg« ist ein Flurstück zwischen Nettersheim und Marmagen. Die Bedeutung des Flurnamens kann nicht eindeutig geklärt werden. Auf der Tranchotkarte (1809) ist »Görresberg« zu lesen, in Unterlagen von 1869 heißt es jedoch schon »Görresburg«. Leider ist eine Urkunde des Klosters Steinfeld von 1649, die den Flurnamen enthielt, durch einen Wasserschaden zu Ende des Zweiten Weltkriegs im Landeshauptarchiv Koblenz unlesbar geworden. In einer Besprechung dieser Urkunde von 1941 ist der Flurname mit »Görresburg« angegeben.[1]

Vom Ursprung her stammen beide Begriffe, sowohl Berg als Burg, von der indogermanischen Wurzel beregh = hoch, erhaben. Die Görresburg kann als Gottesberg gedeutet werden. Aber auch als »Godenberg« ist eine Übersetzung möglich, womit ein Bezug zu der Version Tochter, leibliche und geistige Mutter (Gode, Patin) gegeben wäre. Es kann aber auch der Vorname Jörres (von Georg) gemeint sein und auf einen ehemaligen Grundstückbesitzer dieses Namens hinweisen. Im Jahre 1907 wurden auf der Görresburg Mauerreste entdeckt. Folgendes ist darüber überliefert: »Leute von hier hatten in irgendeiner Chronik gelesen, dass auf der Görresburg Altertümlichkeiten zu finden seien. Es bildeten sich nun zwei Parteien, die auf eigener Faust Nachgrabungen hielten. Dabei stießen sie tatsächlich auf Mauerreste. Jetzt wurde mit Verzweiflung gegraben ....«[2]

Der Nettersheimer Heimatforscher Friedrich Jakob Schruff (1913–1987) erzählte über die Auffindung des Matronentempels folgendes: »Ein Bauer aus Nettersheim fand eines Tages ein Dokument, auf dem geschrieben stand, dass auf der Görresburg Altertümer zu finden seien. Als er nun losgrub, stieß er auf Ruinen, dessen Steine er nach Hause schleppte, um damit einen Anbau eines Stalls zu beginnen. Schon bald stellten sich andere Bauwillige ein. Im Jahr 1909 stießen zwei Männer auf einen großen Stein, der Bildnisse und Schriftzüge zeigte. Die beiden Männer gerieten in Streit, wem der schöne Stein zustand. Dabei interessierte sie nicht das Alter des Steins, sondern lediglich die Größe, mit der sich schnell ein Stück Stallmauer bauen ließ. Der Disput endete damit, dass beide voller Zorn den Stein zerschlugen. Einer der beiden Männer soll dann dem Pfarrer den unchristlichen Streit im Beichtstuhl zugeflüstert haben. Dieser war zwar zunächst entsetzt, was da ›Heidnisches‹ aus grauer Vorzeit ans Tageslicht gekommen war, brachte aber dann umgehend den Stein ins Rollen und meldete den Fund dem Provinzialmuseum (späteres Landesmuseum) in Bonn. Der Stein des Anstoßes entpuppte sich als Matronen-Weihestein.

Die Tempelanlage Görresburg, Vorderansicht

Der Matronenforscher Franz Cramer wusste 1914 von der mündlichen Überlieferung eines Heidentempels: »Da, wo die Urft, ein Zufluss der zur Maas gehörenden Rur, etwas oberhalb des heutigen Dorfes Nettersheim von links her einen kleinen Bach, den Schleifbach, aufnimmt, erhebt sich zwischen den beiden Tälern ein scharf geschnittener Bergvorsprung, die Görresburg, vom Volksmund auch ›Heidentempel‹ genannt. Die altüberkommene, im Volksmunde weiterlebende Überlieferung von einer heidnischen Anlage sollte sich überraschend bestätigen.«[3] Obwohl in alten Nettersheimer Unterlagen nie die Rede von heidnischen Anlagen ist, ist auch bereits drei Jahre vor der obigen Veröffentlichung von einem »Heidentempel« die Rede. Wahrscheinlich handelt es sich hier aber eher um eine Verwechslung mit dem sogenannten »Heidentempel« bei Pesch.

Man ging aber auch von einer ehemaligen Burg aus. Josef Hagen, Assistent bei der Ausgrabung, der sich später einen

Die Tempelanlage Görresburg, Rückansicht

Namen durch seine Nachforschungen über die Römerstraßen machte, schrieb: »Neben der Bezeichnung Görresburg, die auf einen mit fabelhaften Reichtümern dort begrabenen Ritter zurückgehen soll, hat sich eine andere landläufige Benennung der Stätte als richtig erwiesen: ›Heidentempel‹ heißt es noch jetzt im Volksmund und der ausgegrabene heidnische Tempel hat die Richtigkeit der Jahrhunderte alten Tradition bestätigt.«[4]

Der Lehrer, Bergbeamte und Altertumsforscher C.A. Eick (1814–1868) gab allerdings in seinem Buch über den Römerkanal (1867) keinen Hinweis auf einen mutmaßlichen Heidentempel, obwohl er das Gebiet um Nettersheim sehr intensiv nach römischen Spuren absuchte und Römerkanal und Römerstraßen erforschte.[5]

Der Schriftsteller Hermann Ritter (1864–1924) schreibt in seinem Reise- und Wanderbuch »Das Jülicher Land« nichts von einem Heidentempel bei Nettersheim. Er weiß zwar, dass in der

Nähe von Steinfeld »Römer ausgegraben wurden«, doch in dem 1912 veröffentlichten und sicher einige Jahre früher geschriebenem Werk sind ihm der 1909 entdeckte Matronentempel und die bereits bekannten Funde an der »Steinrötsch« nicht erwähnenswert oder vielleicht auch nicht bekannt. Er schreibt kurz und knapp: »Hinter Nettersheim (dem Dorf) schweigt die Geschichte.«[6]

Heute ist der Name »Heidentempel« für die Görresburg nicht üblich.

Ausgrabung und Funde

Nachdem die Funde aus Nettersheim dem Provinzialmuseum Bonn gemeldet worden waren, reagierte man dort sofort; die gefundenen Matronensteine wurden erworben und die Ausgrabung der Anlage von Anfang Juni bis Mitte Juli 1909 durchgeführt. Vier Matronensteine hatten die Bauern bereits freigelegt, als die offizielle Freilegung begann. Im Ausgrabungsbericht von 1910 schrieb der Ausgrabungsleiter Dr. Hans Lehner, Direktor des Provinzialmuseums Bonn, über das zerschlagene »Streitobjekt«: »Dieses Monument, aus weißlichem Sandstein bestehend, muss so ziemlich das besterhaltene gewesen sein, aber leider ist ihm am übelsten mitgespielt worden. Die Finder konnten sich nämlich nicht über das Eigentumsrecht (auf welches in Wirklichkeit natürlich keiner einen vollen Anspruch hatte) einigen und ließen ihren Zorn an dem Denkmal aus, indem sie es kurz und klein schlugen und die Trümmer als Wurfgeschosse bei der Schlichtung ihrer Meinungsverschiedenheit benutzten. Glücklicherweise aber hatte der Intelligenteste die Inschrift vorher abgeschrieben und dank der ausgezeichneten Klarheit der Buchstaben ist die Abschrift so korrekt, dass sie ohne weiteres benutzt werden konnte. Nachträglich fanden sich dann noch einige traurige Trümmer des Denkmals zusammen, welche die Richtigkeit der Buchstabenverteilung der Abschrift vollständig bestätigten.«[7]

Der Stein war von dem Beneficiarier Marcus Massonius Vitalis zu Ehren der aufanischen Göttinnen im Jahr 218 aufgestellt worden. Es konnten nur noch die Beine der linken Matrone bis zum Knie erkannt werden. Auf der linken Schmalseite war ein Pflanzenornament zu sehen, darüber eine bekleidete, stehende, weibliche Gestalt.[8]

Ein weiterer Stein wurde von den Bauern »aus Unachtsamkeit« beschädigt. Er ist den aufanischen Matronen von einem Beneficiarier namens C. Lucretius Statius gestiftet.

Inschrift:

MA(TRONIS) AUFANIABU(S)
C(AIUS) LUCRETIU(S)
FATIUS B(ENE)F(ICIARIUS)
CO(N)S(ULARIS) L(IBENS) M(ERITO)

Übersetzung:

Den Aufanischen Matronen (hat) Gaius Lucretius Fatius, Straßenpolizist im Stab des Statthalters gerne (und) nach (ihrem) Verdienst sein Gelübde eingelöst.

Ein Abguss dieses Altarsteins ist im Tempelbezirk aufgestellt (mittlerer Stein). Im Ausgrabungsbericht ist er folgendermaßen beschrieben: »Oben sitzen die drei Matronen auf gemeinsamer Bank in einem Tempelchen, von dem nur noch die flankierenden Pfeiler teilweise erhalten sind. Die mittelste mit einer großen Blume in der erhobenen rechten und einem sehr beschädigten Kästchen (?) in der linken Hand auf dem Schoß. Die linke Matrone hält ein Kästchen oder Körbchen, die rechte Matrone hält mit der rechten Hand ein trommelförmiges Kästchen auf dem Schoß, die linke Hand hält sie mit einem undeutlichen Gegenstand vor die Brust. Ihr Kopf ist verloren. Alle drei tragen keltische Halsreifen. Auf der linken Schmalseite eine ganz nackte weibliche Figur (Venus), neben ihr ein undeutlicher Gegenstand, hinter ihr eine Draperie. Auf der rechten Schmalseite eine nackte, sehr bestoßene Figur mit Keule (?), also wohl Her-

Sonnenaufgang an der Görresburg

kules.« Die genannte Draperie wurde 1977 als Mantel gedeutet, den Venus »hinter ihrem Rücken mit gesenkter Rechten und erhobener Linken ausbreitet.«[9] Die Darstellung von Venus und Herkules kann eine Referenz an diese römischen Gottheiten sein, kann aber auch auf den Sternenhimmel hinweisen. Besonders die Venus wurde als Morgenstern sehr beachtet. Die Bauern fanden 1909 einen weiteren gut erhaltenen, von M. Petronius Patroclus gestifteten Weihestein, von dem ebenfalls ein Abguss heute auf der Görresburg steht, linker Stein vom Betrachter.

Inschrift:

MATRONIS AUFANIABUS
M(ARCUS) PETTRONIUS PATROCLUS
B(ENE)F(ICIARIUS)

Vor Jahren blühte dieser Holunderstrauch an der Nordeinfriedungsmauer

CO(N)S(ULARIS)
ITERATA STATIONE
V(OTUM) S(OLVIT) L(IBENS) M(ERITO)

Übersetzung:

Den Aufanischen Matronen hat Marcus Pettronius Patroclus, Straßenpolizist im Stab des Statthalters und zum zweiten Mal [wiederholten Mal] auf Posten, sein Gelübde gerne (und) nach (ihrem) Verdienst eingelöst.

Die Beschreibung von 1918: »Oben eine Ädikula, auf deren Giebeldach zwei Voluten und eine Birne sind. [Die Birne ist durch Vandalismus inzwischen auf dem Abguss abgeschlagen.] Im Innern sitzen auf einer Bank mit hoher Rücken- und Seitenlehne die drei Matronen in der üblichen Tracht mit den auf der

Brust geschlossenen, unten offenen Mänteln und anscheinend mit Halsreifen geschmückt. Die linke hält ein Körbchen mit Früchten, die mittlere (ohne Haube) ein viereckiges Kästchen, die rechte zwei große kugelige Früchte (Kürbisse?) auf dem Schoß. Auf den Schmalseiten links: Füllhorn mit Pinienzapfen, zwei Birnen und zwei Früchten [Granatäpfel]; rechts: dreifüßiges Tischchen mit zwei einhenkligen Kannen, dazwischen ein Schweinskopf auf einer Schale, darüber eine Girlande mit Vogel.« Den großen Vogel unten auf der linken Schmalseite nennt Lehner nur 1910 im Ausgrabungsbericht (unten ein Vogel). Es handelt sich um einen Kranich, den Künder von Frühling und Winter.

Beachtung verdient auf diesem Stein der Zusatz »ITERATA STATIONE«. Der Beneficiarier war anscheinend stolz darauf, dass er wieder bei den aufanischen Matronen auf der Görresburg seinen Dienst leisten konnte. Es war ihm so wichtig, dass er es in seinen Votivstein einmeißeln ließ. Vielleicht hatte er sogar ein Gelübde getan, den Matronen einen Stein zu widmen, wenn er wieder zu der heiligen Stätte zurückkehren konnte.

Bei der offiziellen Ausgrabung durch das damalige Provinzialmuseum wurde der Matronenstein, der heute auf der Görresburg in einer Kopie rechts vom Betrachter aufgestellt ist, freigelegt. Durch seine geschützte Lage war auch dieser Weihestein in Bild und Schrift überaus gut erhalten [die Kopie ist durch Vandalismus stark beschädigt]: »Der Stein lag mit der Bild- und Schriftseite nach unten und zwar mit dem oberen Teil auf der Mauer. In der Ädikula, welche mit Pfeilern flankiert ist und deren Giebeldach eine eigentümliche, muschelrandartige Verzierung aufweist, sitzen auf gemeinsamer Bank die drei Göttinnen in dem üblichen Kostüm, die beiden äußeren mit turbanartiger Kopfbedeckung, die mittelste mit wallenden Haaren, alle drei mit Halsreifen, an denen halbmondförmige Anhängsel hängen, geschmückt und mit Fruchtkörbchen auf dem Schoß. Oben auf dem Dach bemerkt man noch den Rest einer Birne.«[10]

Inschrift:

DEABUS AUFANI[S]
PRO SALUTE INVICTI
ANTONINI AUG(USTI)
M(ARCUS) AURELIUS AGRIPINUS
B(ENE)F(ICIARIUS) CO(N)S(ULARIS)
V(OTUM) S(OLVIT) L(IBENS) M(ERITO)

Übersetzung:

Den Aufanischen Göttinnen für das Wohlergehen des unbesiegten Kaisers Antoninus (hat) Marcus Aurelius Agripinus, Straßenpolizist im Stab des Statthalters, sein Gelübde gerne (und) nach (ihrem) Verdienst eingelöst.

Hier handelt es sich um Marcus Aurelius Severus Antoninus, römischer Kaiser von 211–217 n. Chr. Im Jahr 213 besuchte er die germanischen Provinzen anlässlich eines Feldzuges gegen einfallende Alemannen und nahm darauf den Siegernamen Germanicus Maximus an. Vielleicht entstand zu dieser Zeit auch der Spitzname Caracalla (Mäntelchen) nach seiner Lieblingsgarderobe, dem gallischen Mantelumhang. Unter dieser Umbenennung ging er in die Geschichte ein. Es ist vorstellbar, dass zur Zeit seines Besuchs in Gallien der Weihestein in Nettersheim für das Heil des Kaisers aufgestellt wurde.

Wichtig ist auf diesem Stein das Wort »deabus«. Es bezeugt ganz eindeutig, dass die drei Frauen Göttinnen sind und keine menschlichen Gestalten, Ahnfrauen, Schicksalsfrauen oder ähnliches.

Ein weiterer Weihestein wurde in sechs Fragmenten gefunden. In einem kreisrunden Medaillon waren die fast ganz zerstörten Brustbilder der Göttinnen zu vermuten. Zusätzlich wurden ein Unterteil eines Weihesteins sowie 14 Teile einer großen Inschriftentafel mit einer Weiheinschrift sichergestellt. Zahlreiche kleine Bruchstücke, die oftmals nur einige Buchstaben zeigten, wiesen auf weitere Matronensteine hin. Wenn man jedes größere Fragment für einen vollständigen Weihestein ansieht, so kommt man auf ca. 40 Matronensteine.

Erwähnt sei noch der Aufanienstein eines Beneficiariers, der bereits 1891 als Wandung eines fränkischen Grabs in Nettersheim (Steinfelderstraße) gefunden worden war.[11] Erst nach der Freilegung des Matronentempels auf der Görresburg im Jahre 1909 konnte man diesen in Zweitverwendung gefundenen Weihestein richtig einordnen.

Alle Matronen der Nettersheimer Steine tragen die übliche ubische Festtagstracht und die unterschiedliche Kopfbedeckung. Keltische Halsreifen und Halsketten mit Mondsichelanhängern sind zu erkennen. Als Opfergaben sind viermal eine einzelne Birne, einmal zwei Birnen und einmal fünf Birnen abgebildet. Sechsmal ist ein Baum zu finden, zusätzlich zweimal ein Blatt und zweimal Zweige. Ein Füllhorn ist mit zwei Granatäpfeln, zwei Birnen und einem Pinienzapfen gefüllt.

Bei der Ausgrabung auf der Görresburg wurden zahlreiche römische Münzen gefunden, die eine Nutzung des Tempels bis ins 4. Jahrhundert vermuten lassen. Außerdem stieß man auf das Bruchstück einer toskanischen Säule, auf Scherben (Sigilata) und Teilstücke, die folgende Gegenstände erkennen ließen: Weißkrüge und Kannen, weiß- und rottoniges farbüberzogenes Trinkgeschirr, rauwandige Töpfe und tiefe Schüsseln, Näpfe und steilwandige Teller, Reibschüsseln sowie viele Kleinteile (Nägel, Glas, Lanzenspitzen usw.) Zwei Terrakottafragmente ließen auf kleine Matronen-Altärchen schließen.

Gefunden wurde auch der Baustein des Tempels, der den Tempelbezirk als Heiligtum einer Dorfgemeinde auswies und von den Vicani, den Bewohnern dieser Siedlung, den Matronen geweiht wurde. Die »Stiftungsurkunde« ist ein 52 cm breiter, 38 cm hoher und 47 cm dicker Sandsteinwürfel. Er trägt die Inschrift

MATRON(I)S
AUFANIABUS

CANI
M(?) E
(den aufanischen Matronen geweiht von den Dorfbewohnern?)

Die letzte Zeile des Bausteins ist durch Verwitterung nicht mehr zu entziffern. Es könnte in der Mitte ein M stehen, vermutet nach eingehender Untersuchung der Archäologe Dr. Frank Biller aus Münster, so dass der nah gelegene Ort Marmagen (Marco Magus) als möglicher Vicus gemeint sein kann.[12] Von den zahlreichen Funden aus der Römerzeit im Nettersheimer Gebiet seien noch zwei Brandgräber erwähnt, auf die man 1937 südlich der Görresburg gestoßen war.[13] Der Fund wird in das 1. und 2. Jahrhundert datiert, eine Zeit, in der die Römer ihre Toten außerhalb einer Siedlung begruben. Ein größeres Gräberfeld wurde bisher nicht aufgefunden.

In der Steinrütsch, an der Urft, wurde seit 1870 mehrmals antikes Mauerwerk angeschnitten. Es wurden verschiedene Funde gemacht, die auf eine unterschiedliche Nutzung des Platzes im Laufe der Jahrhunderte hinweisen: Sandsteinblöcke, Halbsäulen, ein Meilenstein und Eisenschlacke. Bei der Sicherung des Platzes fand man 1976 mehr als 700 römische Münzen, vorwiegend aus der Zeit vom 1. bis 4. Jahrhundert. Sicher ist, dass diese inzwischen »römischer Werkplatz« genannte Gemarkung im zweiten und dritten Jahrhundert eine Benefiziarierstation war, denn diese Wachsoldaten sind ausschließlich die Stifter der Weihesteine auf der Görresburg. Die Station steht eng mit dem Tempelbezirk in Verbindung, liegt sie quasi im Tal zu Füßen des Matronentempels. Heute ist die landschaftliche Verbindung nicht mehr so klar erkennbar, da die Bahngleise und die umgeleitete Urft eine direkte Begehung zwischen den beiden Fundorten nicht möglich machen. Nach neuen Erkenntnissen soll sich hier an der Steinrütsch hauptsächlich der Vicus erstreckt haben. Manche Grundmauern weisen auf einen burgus hin, ein Römerkastell. Einen weiteren Fund machte man 1979 auf einem Feld südlich der Görresburg. Es handelt sich um ein Relief des Matronen – Kultgefährten Merkur, der durch den Merkurstab

(Caduceus – Stab mit zwei Schlangen) eindeutig identifiziert werden kann. Der Stein dürfte aus der zweiten Hälfte des 2. Jahrhunderts nach Chr. stammen.[14]

Der Aufanienkult

Alle Inschriften in Nettersheim bezeugen eine Weihung an die aufanischen Matronen. Meistens sind die Göttinnen als »Matronis Aufaniabus« tituliert, zweimal als »Deabus Aufanis« (aufanische Göttinnen), einmal nur als »Aufanis«. Auf dem zerschlagenen Stein steht in abgekürzter Form »in honorem domus divinae Deabus Aufanis« (zu Ehren der heimischen, verehrungswürdigen aufanischen Göttinnen). Eine ähnliche Bezeichnung ist auf dem in Zweitverwendung als Grabwandung entdeckten Stein ergänzbar: »In honorem domus divinae sanctissimis Matronis«.

Vor 1909 hatte man bereits an neun verschiedenen Fundstellen 13 Weihesteine als Aufaniensteine erkannt: Zülpich 3, Bonn 2, Köln 2, Rheder bei Euskirchen 1, Haus Bürgel bei Düsseldorf 1, Mainz 1, Nimwegen in den Niederlanden 1, Lyon in Südfrankreich 1 und Carmona in Spanien 1. Inzwischen ist der Matronenbeiname Aufania genau 100-mal belegt, hauptsächlich von Bonn, Nettersheim und Zülpich, zusätzlich von Xanten. Die Fundstellen dokumentieren eine Verehrung am Rhein und in der Voreifel, also im ehemaligen keltischen Eburonenland, dem späteren germanischen Ubierland. Von den Einzelfunden im Ausland nimmt man an, dass Legionäre keltischer oder germanischer Abstammung im fernen Land ihren heimischen Gottheiten »als Erinnerung an die Heimat« einen Altar widmeten.

Bis 1909 hatte man den Zülpicher Raum aufgrund der gefundenen Matronensteine als Zentrum des Aufanienkults in Betracht gezogen. Nach der Entdeckung des Aufanientempels auf der Görresburg sah man Nettersheim als die Kultheimat der Matronae Aufaniae. Das änderte sich wiederum, als im Jahr 1929 in Bonn Aufaniensteine entdeckt wurden. Unter dem Bonner Münster, wo bereits 1873 ein Votivstein gefunden worden war, kamen 70 römische Steindenkmäler ans Tageslicht, darunter 36 Aufaniensteine »in seltener Schärfe und Klarheit der Schrift und des Bilderschmuckes.«[15] Einige Reste wie Rundbögen, Pilaster und Gesimse gaben Hinweise auf einen römischen Tempel an der Stelle oder in unmittelbarer Nähe des jetzigen Münsters. Die Grundrisse konnten indes nicht mehr festgestellt werden. Nach den neuen Funden von Bonn nahm Lehner an, dass der Aufanienkult nicht in Nettersheim, sondern in Bonn sein »hochangesehenes Aufanienzentrum« gehabt hatte. Als Beweis für das kultische Aufanienzentrum in Bonn wurde die Errichtung des Matronentempels von 161 n. Chr. und der Vettiusstein von 164 gesehen.

Brachten römische Soldaten den Aufanienkult nun von Bonn in die Eifel und nutzten dort einen alten heidnischen Kultplatz? Oder brachten die Beneficiarier die aufanischen Matronen von der Eifel nach Bonn, wo dann die Steinsetzung ihren Anfang nahm? Zeigt der Vettius-Stein aus Bonn auch recht städtische Damen, so sind die meisten Matronen eher ländlich dargestellt, so dass eine bäuerliche Abstammung aus der keltischen und germanischen Vorstellungswelt angenommen werden kann. So tendiert man inzwischen wieder mehr zu Nettersheim als Ausgangspunkt des Aufanienkults und hält die Anlage in Nettersheim für den ältesten der Tempel. So heißt es 2008 über die Ergebnisse des Archäologen Dr. Frank Biller: »Biller kann überzeugend nachweisen, dass die Matronenkulte auf dem Land ihren Ursprung hatten und von dort in die städtischen Zentren Köln und Bonn transferiert wurden.«[16]

Dass der Aufanienkult aus vorrömischer Zeit herrührt, war für Lehner selbstverständlich. Der ansonsten so sachlich berichtende Archäologe geriet in seinem Ausgrabungsbericht ins Schwärmen, als er darauf einging: »Und was sich bis dahin schüchtern unter dem farblosen Begriff des genius loci verbarg, das tritt nun sieghaft an die Öffentlichkeit mit wahrem Namen: Die barbarischen Ortsgottheiten, zu denen die einheimische Bevölkerung zu beten niemals aufgehört hatte, sie erscheinen nun auf den amtlichen Weihedenkmälern der römischen Straßenaufsichtsbeamten; die Beneficarii consularis stellen ihre Altäre im Heiligtum der Ortsgöttin auf.«[17]

Mai bei den Matronen

Die Bonner Geschichtsprofessorin Dr. Annette Kuhn schrieb über die Ursprünge des Aufanienkults folgendes: »Wir gehen von der These aus, dass die Verehrung der aufanischen Matronen in Bonn auf ältere matriarchale Traditionen hindeutet, die in Bonn zur Zeit der römischen Besetzung fortwirkten und die bei der Ausübung der unterschiedlichen Göttinnenkulte in Bonn, zu denken ist auch die Verehrung der Isis und Kybele, im zweiten nachchristlichen Jahrhundert in Bonn ihren Ausdruck fanden.«[18]

Der Matronen-Beiname Aufania (wahrscheinlich a-u-fania ausgesprochen) ist vermutlich germanischen Ursprungs und wird sowohl als topischer als auch das Wesen der Göttin beschreibender Name angesehen. Von den vielen Deutungen seien nur einige genannt: Ahnfrauen, Glück spinnende, freigebige Ahnmütter, Überflussgebende. Außerdem wurden die aufanischen Matronen als Frühlingsgöttinnen – Öffnende – gesehen. Franz Cramer deutete 1913 die Aufania als die Emporbringenden und Aufnehmenden und ergänzte: »Es sind also gute Geister, die die Gedrückten aufrichten, die Hoffnung beleben, den Vertrauenden emporheben und ihm Erfüllung bringen.«[19] Etymologische Forschung fand folgende Erklärung für Aufania: »Ähnlich [wie Afliae] lassen sich die berühmten Aufaniae als »die Hohen« oder »die Erhabenen« deuten (unter Berücksichtigung der Ablautreihe iu (eu) – auf – u, in Verbindung mit Ufan, ofan, ahd. obana = oben, hochgelegen).[20]

Hingewiesen sei auch auf das keltisch-romanische Wort »aufere für opfern, lat. aufero = forttragen, wegnehmen. Mit der Opferung gibt man ein Gut weg, man schenkt es den Göttern, dem Gott.«[21] Die Aufania könnte also die Gottheit sein, der man Opfer bringen muss und die diese Gaben annimmt und forträgt. Als topischer Name wird Aufania von au-fanja abgeleitet und mit »abgelegenes Fenn« (Moor) übersetzt, womit sich eine Wortverbindung zum Hohen Venn der Eifel und zum Venusberg in Bonn ziehen lässt.[22]

Aufania wird aber auch als Variation zu dem Namen der Erdgöttin Ambede aus der Trinität Ambede-Worbede-Wilbede gesehen. Mit der Mondgöttin Wilbede wird der Matronenbeiname

Fachinehae (siehe Zingsheim) in Verbindung gebracht. Bei Deutung solcher Art könnten die Matronen-Beinamen besondere Schwerpunkte der Verehrung der Göttinnen signalisieren und Hinweise auf die Sonnen- und Mondausrichtung ihrer Kultplätze geben. Entsprechende Feiern können an den Sonnen- und Mondfesten begangen worden sein. Die Silbe Fa in Aufania weist bereits auf die nachbarlichen fachinehischen Matronen hin.

Die Beneficiarier und die Bonner Legion

Soweit die Inschriften auf den Matronenweihesteinen von Nettersheim zu entziffern sind, fungierten hier als Stifter ausschließlich Beneficiarier (lat. bene=gut, facere=machen). Diese altgedienten Soldaten waren Söldner, die aus aller Herren Länder stammen konnten. Lehner erklärte 1918 den Stand dieser Legionäre wie folgt: »Beneficiarier sind Soldaten, welche durch einen höheren Offizier von gewissen Diensten befreit sind (Gefreite). Sie wurden, namentlich in späterer Kaiserzeit, als eine Art Landgendarmen zum Aufsichtsdienst über den Straßenverkehr und dergleichen verwendet, weshalb sie häufig an wichtigeren Straßenkreuzungen stationiert waren.« In einer Fußnote ergänzt Lehner: »Die Funktionen der Beneficiarier waren sehr mannigfaltiger Art.« In weiteren Berichten werden die Beneficiarier beschrieben als »Legionäre in gehobener Stellung«, die Wache bei ihren Vorgesetzten und andere Ehrendienste zu leisten hatten, sowie als »unterschiedliche Funktionsträger«.[23]

Neuere Forschungen kommen zum folgenden Schluss: »So handelte es sich einerseits bei diesem Personenkreis bis zur Wende vom 3. zum 4. Jh. zweifelsfrei um Angehörige des römischen Heeres, die innerhalb der militärischen Hierarchie einen genau definierten Rang innehatten; andererseits repräsentierte die zahlenmäßig größte Gruppe dieser Soldaten ein wichtiges Element der römischen Provinzialadministration.«[24]

Von einem vorgesetzten Statthalter wurden sie zu ihrer jeweiligen Dienststelle beordert. So finden wir auf manchem Matronenstein den Hinweis »im Dienste des Statthalters ...«.

In Nettersheim vermutete man eine Station der Beneficiarier an der »Steinrütsch« im Urfttal südöstlich der Görresburg. Eine eindeutige Straßenstation konnte zunächst nicht nachgewiesen werden, doch die Flurbezeichnung »Alte Gasse« wies bereits 1909 auf eine alte Straßenführung hin. Neue Untersuchungen ergaben 2009, dass eine Römerstraße direkt an dem Tempel »Görresburg« vorbeiführte. Neben der Straße und einer eventuellen Straßenkreuzung mehrerer Straßen im Tal werden die Beneficiarier aber auch das Gebiet beschützt haben, in dem sie ihre Visitenkarte auf zahlreichen Weihesteinen hinterließen: Das Heiligtum der Matronae Aufaniae.

In der Regel dauerte eine Stationierungsperiode sechs Monate. Falls ein Beneficiarier an ein und demselben Ort seinen Dienst mehrmals ableistete, so konnte er das mit dem Zusatz »iterata statione« kennzeichnen. Auf einem Nettersheimer Matronenstein war dem Stifter Marcus Pettronius Patroclus der Vermerk wichtig, dass er zum zweiten Mal (oder wiederholten Mal) bei den Matronen auf Posten war: iterata statione. Wie bereits erwähnt, war er auf diesen »Posten« anscheinend sehr stolz. Es spricht für die große Beliebtheit und Macht der Matronen, dass die Beneficiarier diesen Göttinnen huldigten: »Für die kulturellen Verhältnisse der niedergehenden Kaiserzeit ist es von hohem Interesse, dass die Benificiarii, welche sonst dem Jupiter und dem genius loci ihre Weihungen darzubringen pflegen, sich hier zu dem einheimischen Matronenkultus bekennen.«[25]

Die Landgendarmerie rekrutierte sich hauptsächlich aus altgedienten und bewährten Soldaten der einheimischen Bevölkerung, seltener wurden Römer zu diesem Dienst herangezogen. Die Stifter der Weihesteine stellen sich oft als römische Bürger dar, die germanischen und keltischen Ursprungs waren: »Auch wenn viele Bewohner Niedergermaniens Namen in der charakteristischen römischen Form mit Vornamen (praenomen), Familiennamen (gentilicium), Zunamen (cognomen) und der Nennung des Vaters trugen, schimmern meist noch einheimische Namenselemente durch.«[26]

In Bonn stammen von 36 Aufanien-Weihungen 16 von Offizieren und Soldaten der Minerva I, vier davon von dessen Frauen. Auch der Stifter des Aufaniensteins von Köln war ein Legionär der Bonner Minerva. Den Matronenstein in Frankreich hat ein Tribun der Bonner Minerva I anfertigen lassen. Da es in Bonn und Nettersheim Soldaten der gleichen Legion waren, die die aufanischen Göttinnen verehrten, erkannte man nach den Bonner Funden von 1929 die »Verkettung Bonns mit dem Hinterlande der Eifel«.[27]

Es waren nicht nur dieselben Göttinnen und die Soldaten der gleichen Legion, sondern die Weihungen fielen auch in den gleichen Zeitraum. Der älteste Stein von Bonn – und von allen Aufaniensteinen – stammt aus dem Jahr 164 n. Chr., der Jüngste aus dem Jahr 223.[28] (In Jülich geben jedoch einige Matronenfragmente einen Hinweis auf eine frühere Bildsetzung.)

Durch die Nennungen römischer Kaiser, Konsuln oder Statthalter errechnete Lehner für die Nettersheimer Matronensteine folgende Datierungen: Die Zeit 205/208, 212/222 sowie die Jahre 196, 218, 227 und 237. Diese Angaben wurden in späteren Jahren zwar mehrmals revidiert, aber es blieb im Großen und Ganzen die Zeit zwischen Ende des zweiten und der Mitte des dritten Jahrhunderts bestehen, also fast der gleichen Zeitspanne wie in Bonn. Diese Datierungen bescheinigen zwar eine Blütezeit des Aufanienkults bei den Legionären und Beneficiariern sowie eine Hochkonjunktur der Steinsetzung, sagen aber nichts aus über die Verehrung der Matronen und die Nutzung ihrer Tempel bei der einheimischen Bevölkerung. Die Matronen fanden vor und auch nach dieser Zeit Verehrung.

In Bonn waren die Stifter der Matronensteine hohe Persönlichkeiten und entstammten Kreisen des höheren Beamtentums und des equestrischen Adels (Reiterstand). Unter den Dedikanten von Bonn finden wir den obersten Befehlshaber sowie einen Legionspräfekten der Bonner Garnison. Aus Köln setzten ein Stadtkämmerer (Vettius in Bonn) und ein Stadtrat den Matronen einen Weihestein. Im »Hinterland« nimmt die Prominenz deutlich ab. Aber immerhin war Tiberius Claudius, der auf dem

Grundstein einer kleinen Cella von Nettersheim genannt ist, ein bekannter Mann. Es wird ihm eine »Minuzipial- und Provinzialkarriere« zugesprochen. Außerdem wird er als »religiös außerordentlich aktiv« charakterisiert, denn außer in Nettersheim erscheint er als Stifter eines Aufaniensteins in Bonn, eines Jupiter-Altars in Köln und einer Herkules-Curie in Holzweiler, Kreis Heinsberg. Trotz dieser »Prominenz« ist aber davon auszugehen, dass die Matronen überwiegend von den einfachen Bewohnern der Siedlungen um Hilfe und Schutz angefleht wurden.

Die Anlage des Tempelbezirks

Die Ausgrabung auf der Görresburg im Juni und Juli 1909 legte die gesamte Anlage frei. Es zeigte sich, dass der Tempel nicht wie andere römische Verehrungsstätten während der Christianisierung zerstört worden war, sondern im Laufe der Jahrhunderte verfallen war. Als Vorteil erwies es sich außerdem, dass die Franken bei ihrer Landnahme den gallo-römischen Vicus nicht übernahmen, sondern eine neue Siedlung im heutigen Ortskern von Nettersheim anlegten.

Nach den Ausgrabungsarbeiten auf der Görresburg hatte man einen uralten Grundriss eines heiligen Raums und einen »besonders gepflegten Tempel in einer abgelegenen Berglandschaft« vor Augen. Lehner beschrieb 1910 in seinem Ausgrabungsbericht den Tempelhof wie folgt: »Drei annähernd quadratische einräumige Gebäude von geringer Ausdehnung, sämtlich nach Osten geöffnet, stehen in einem ebenfalls quadratischen und ebenso orientierten ummauerten Hofraum, der auf der Ostseite den Haupteingang und in der Südwestecke noch ein kleineres Nebenpförtchen hat.«[29]

Der durch die Umfassungsmauer eingefriedete Hofraum erwies sich als ein etwas verschobenes Quadrat. Die Nord- und Südseite waren je 26 Meter lang. Die Ostseite maß 26,90 Meter, die Westseite 24,67 Meter. Die Umfassungsmauer war wahrscheinlich mit Quadern abgedeckt. Einsatzlöcher und viele Eisennägel deuten auf ein Holzgitter hin. An der Südostecke zeigten ein pfeilerartiger Eckvorsprung mit breiteren Fundamentunterlagen und eine teilweise Verstärkung der Südmauer, dass die Mauer an dieser Stelle von einem größeren Pfeiler flankiert gewesen war. An den anderen Ecken gab es keine Hinweise für analoge Pfeiler.

Der Haupteingang befand sich an der Ostseite der Hofmauern, »nicht in der Mitte dieser Seite, sondern ziemlich genau dem Eingang des Hauptgebäudes A gegenüber. Die Mauer war gerade an dieser Stelle besonders schlecht erhalten, doch ließ sich noch ziemlich sicher feststellen, dass der Eingang 4,40 Meter breit war. Man glaubte dort sogar noch eine leichte Bekiesung des hinein führenden Weges erkennen zu können.«[30] Neben diesem Haupteingang gab es den schon erwähnten rückwärtigen Durchlass: »Ganz unzweifelhaft aber hat der Hof noch ein schmaleres Hinterpförtchen von 2,10 Meter Weite an der Südwestecke, die gut erhaltenen Ende der West- und Südmauer zeigten dort nämlich scharfe Mauerköpfe.

Innerhalb des ummauerten Hofes wurden drei kleine «bescheidene« Räume, Cellae, freigelegt, die zur gleichen Zeit innerhalb des Temenos (Tempelbezirks) bestanden hatten. Die größte Cella, die als Hauptheiligtum angesehen wurde, war fast genau quadratisch (6×6 m): »Das Mauerwerk ist aus flüchtig zugerichteten Kalkbruchsteinen mit viel Kalkmörtel aufgebaut. Nach der sechsten Schicht von unten folgte eine Durchschussschicht aus zwei Ziegellagen.« Diese rote Ausgleichsschicht, gleichzeitig auflockerndes Zierelement, war seit dem Palastbau des Kaisers Hadrian (117–138) auf dem Tivoli bei Rom allgemein üblich geworden und ist auch vom Trierer Kaiserpalast bekannt. Die Cella war mit einem Ziegeldach gedeckt, von dem sich viele Reste fanden.

Alle aufgefundenen Matronensteine lagen außerhalb dieser größten Cella, aber wohlbehütet unter Dach und Fach. Wahrscheinlich waren sie hier und rund um die Cella aufgestellt. Von einem vermuteten großen Kultbild gab es keinerlei Spuren, doch von der Vorstellung einer großen Skulptur »im Haus der Gottheit« mochten die Archäologen sich nicht trennen und so argumentierten sie, dass das Kultbild entweder vor Aufgabe des Heiligtums entfernt wurde oder dass es aus vergänglichem Material

Matronensteine am alten Platz

bestand (obwohl alle Weihealtäre aus Stein waren). Zumindest konnte Lehner sich in seiner Fantasie für ein imaginäres Matronen-Kultmonument begeistern: »Und wer nun eintreten durfte in die Kapelle, den blickten von der Hinterwand her, auf gemeinsamer Bank thronend, die drei Frauen freundlich entgegen, die, wie Frauen aus dem Volk gekleidet, keine feierliche Würde zur Schau trugen, sondern mit mütterlicher Sorge dem kleinen Mann Haus und Hof, Weib und Kind, Herd und Ernte schützten und seine kleinen Anliegen teilnahmsvoll anhörten.«

Gefunden wurde der Grundstein dieses Tempelchen, der den Tempelbezirk als Heiligtum einer Dorfgemeinde auswies (siehe unter Ausgrabung und Funde). Diesen Grundstein hat man zuerst in der größten Cella lokalisiert, logischer wäre es allerdings, dass der Stein in der Umfassungsmauer am Haupteingang eingemauert war, was neuere Untersuchungen vermuten lassen. Ein weiterer aufgefundener Grundstein mit dem bruchhaften Namen

Mat(ronis) Aufa(niabus) Claud(ius) Ju(suts?) wird in der mittleren Cella eingebaut gewesen sein. Diese Cella war kleiner und einfacher als ihre große Schwester, hatte Quadratform, war wie die große Cella nach Osten geöffnet und hatte eine durchmauerte Schwelle. Die Archäologen glaubten in diesem Tempelchen das Heiligtum des genius stationis, des Schutzgeistes der römischen Station, zu erkennen.

Dem dritten Kapellchen wurde die geringste Bedeutung beigemessen: »Der kleinste und unansehnlichste Raum lag etwas weiter nach Südwesten zurück. Er ist wieder ungefähr von quadratischer Grundform und wieder nach Osten orientiert, scheint aber im Aufgehenden nur von drei Mauern flankiert gewesen zu sein, während die ganze Vorderseite offen und nur mit einer durchgemauerten Schwelle versehen war.« So ganz unansehnlich war dieser Raum allerdings nicht, denn »die Besonderheit der geradezu winzigen dritten Cella ist ihr Baumaterial. Der eckige, u-förmige Bau ist ausschließlich mit sorgfältig ausgewählten gleichartigen Grauwacken ausgeführt.«[31] Mit diesen Grauwacken wurde 1976 die Rekonstruktion dieses Tempelchen vorgenommen.

Auf die einstige gallo-römische Siedlung wiesen außerhalb der Tempelanlage einige Gebäudereste hin. Diese führten hauptsächlich in südliche Richtung und erfassen die Gemarkung »Alte Gasse« und das beiderseitige Tal der Urft (Urftaue, Steinrütsch, Wellerberg). In einem trockenen Sommer lassen sich unterirdische Grundmauern am Gras- bzw. Getreidebewuchs mit bloßem Auge feststellen. Eifrigste »Ausgräber« von kleinsten Partikelchen aus der Vergangenheit sind auf den dortigen Wiesen die Maulwürfe, die mit archäologischer Akribie die Grenzen der Besiedlung kenntlich machen. Die unmittelbar südlich der Tempelanlage angrenzenden, stark abweichend orientierten Gebäude wurden als zum Vicus gehörend eingeordnet. Nicht der Tempelbezirk, sondern diese Baureste liegen auf dem relativ ebenen Kuppenbereich. Lehner: »Dieses Gebäude kann ein Schatzhaus oder eine Wohnung des Tempelhüters sein.«[32]

Aufgedeckt wurde auch ein Hohlweg, der vom Schleifbachtal aus zu der Pilgerstätte führte und heute wieder begehbar ist. Zwei Querschnitte zeigen, dass der Weg in römischer oder sogar vorrömischer Zeit noch erheblich markanter als heute ausgeprägt gewesen sein muss. An der gegenüberliegenden Seite des Schleifbaches führte ein Weg ebenfalls in Form eines Hohlweges von den dortigen Höhen. Dieser Hohlweg ist heute nur noch zu erahnen, vor einigen Jahrzehnten muss er auffälliger gewesen sein: »Jenseits des Schleifbachtales geht eine solche Einsenkung wieder in die Höhe, zu beiden Seiten begrenzt von Ziegeln und Kleinaltertümern.«[33]

Nach Abschluss der archäologischen Ausgrabungen auf der Görresburg im Jahre 1909 schüttete man die Reste mit Erde zu und ließ Gras über die Fundstelle wachsen. Das sei das beste Konservierungsmittel, argumentierte das Provinzialmuseum damals. Der örtliche Eifelverein, der den Schutz über die Anlage übernahm, beschwerte sich mehrmals, dass man dem Dorf Nettersheim »seine Heiligtümer entführt« habe und stellte Anträge an das Provinzialmuseum, den Tempel zu rekonstruieren, doch stets ohne Erfolg. Erst 1976/77 wurde die Anlage im Rahmen eines allgemeinen Strukturverbesserungsprogramms durch das Landesmuseum Bonn in Zusammenarbeit mit der Gemeinde Nettersheim und dem Landeskonservator Rheinland erneut freigelegt und die »wesentlichen Elemente« rekonstruiert. Die flache Aufmauerung erfolgte entsprechend den Originalbefunden mit Kalkbruchsteinen und Grauwacken, zu dem die in größeren Mengen vorhandenen Originalsteine mitverwendet wurden. Für den roten Ziegelstreifen in der großen Cella wurde eine Kombination von echten römischen Ziegeln und Imitationen verarbeitet. Die Sicherung gegen Witterungseinflüsse erfolgte auf den Mauerzügen durch Abdeckung mit Rasensoden, die allerdings im Laufe der Jahre immer mehr abgetragen wurden.

Von den drei gut erhaltenen Matronensteinen wurden Kopien als Anschauungsmaterial vor der großen Cella aufgestellt: »Diese können zwar nicht genau der alten Platzierungen entsprechen, tragen jedoch für den Betrachter sicher dazu bei, die

Bestimmung der Tempel als heilige Stätten besser zu verstehen.«[34] Man vermutet, dass es vor Bau des steinernen Tempelbaus an derselben Stelle einen umfriedeten trapezförmigen Kultplatz mit einem Baum gab, »für den ein markanter Landschaftspunkt wie die ›Görresburg‹ ideal war.«[35]

Deutung der Anlage

Die stets pragmatischen Römer übernahmen nicht nur die Gottheiten der Einheimischen, sondern mit Gewissheit auch deren Kultplätze, wobei sich allerdings die Frage stellt, ob die Druiden, die ihre Religion streng geheim hielten, ihre allerheiligsten Plätze so offen zeigten, dass Eroberer diese übernehmen konnten. Gerne benutzten die Kelten ein Ablenkungsmanöver, das sie den Tieren in der Natur abgeschaut hatten. Instinktiv locken Tiere Menschen von den Brutstätten und Aufenthaltsplätzen ihrer Jungen weg und laufen zum Beispiel in eine andere Richtung, wenn sie Gefahr wittern.

In keltischen Siedlungen gibt es Anzeichen dafür, dass die Menschen an einem bestimmten Platz einen Stein hinstellten und diesen verehrten, um von dem höchsten Heiligtum an einem ganz anderen Platz abzulenken. Der Matronentempel in Nettersheim war sicherlich ein heiliger und wichtiger Kultplatz, ein geheimes Heiligtum der Kelten war er gewiss nicht; dieses dürfte aber in der Nähe gewesen sein.

Die quadratische Form der Anlage kann als typisch für Gallien angesehen werden und bescheinigt einen keltischen Vorläufer, denn die Römer bevorzugten den langgestreckten, rechteckigen Grundriss der hellenisch-römischen Art für ihre Tempelbauten. Die Urbevölkerung und die Kelten verehrten ihre Gottheiten in der Natur, friedeten jedoch Kult- und Opferstätten durch Hecken ein. Die Römer übernahmen diese Plätze und bauten sie in Stein aus. Dort, wo einst heilige Bäume standen, errichteten sie oftmals steinerne Kapellen. Da die Matronen eng mit Bäumen und Obstfrüchten verbunden sind, wären ehemalige Baumheiligtümer für die drei Göttinnen durchaus vorstellbar. In Nettersheim widerspricht die Höhenlage der

Görresburg allerdings dieser Vorstellung. Vorwiegend sind es Sträucher und Ginsterbüsche, die dort wachsen.

Bei der Ausgrabung 1909 bestand die Hochfläche der Görresburg aus Ödland, teilweise aus Acker- und Wiesenland. Jahrzehnte vorher waren dort mehrmals Meliorationsarbeiten zwecks Entsumpfung vorgenommen worden. Viel eher als ein Baumheiligtum ist auf der Görresburg ein Steinplatz vorstellbar, wobei die jeweiligen Stellen, an denen später die Tempelchen errichtet wurden, bei den Urbewohnern, Kelten oder Germanen durch einen besonderen Stein markiert waren. Waren es vielleicht Riesensteine, Menhire? Immerhin hieß eine Flur jenseits des Schleifbachs noch 1809 »Riesenstein«. Auch kann die Mauerverbreitung in der Südostecke des Tempels einen Menhir als Vorläufer des Pfeilers getragen haben.

Der Tempelbezirk auf der Görresburg ist wie viele Kultplätze und spätere Kirchen genau Ost–West ausgerichtet. Dies war für mich der Anlass, immer wieder dort Sonnenuntergänge und – nicht ganz so oft – Sonnenaufgänge zu beobachten. Zur Tag- und Nachtgleiche bei Frühling- und Herbstbeginn, wenn die Sonne genau östlich aufgeht, fällt das erste Sonnenlicht in den Tempelbezirk hinein. Einer der abendlichen Tempelbesuche wurde von einem unerwarteten Erfolg gekrönt. Es war ein wunderbarer Sommerabend und die Sonne ging leuchtend unter, von der Mitte der größeren Cella aus exakt über die West-Nord-Ecke dieses Tempelchen und der Hofmauern. Der Tag: Die Sommersonnwende, also der Sommeranfang, der längste Tag des Jahres.

Lehner hatte geschrieben, dass er in der großen Cella außer dem Bauschutt nichts gefunden hatte. War dieses verehrungswürdige »Nichts« die Sonne gewesen? Hatte hier in der vorrömischen Zeit eine unbehauene Steinsäule die Strahlen der untergehenden Sonne aufgefangen? Hatten auch die Römer durch einen Spalt in der West-Nordecke der großen Kapelle das Sonnenlicht am Tag der Sommersonnwende eingefangen und das Ereignis gefeiert? Oder hatte der Pfeiler in der Südostecke die letzten Sonnenstrahlen zu Sommerbeginn aufgefangen? Hatte die Tempelanlage wie viele archaische Kultanlagen

(Stonehenge, Externsteine) zur Berechnung des Sonnen- und Mondjahres gedient? Dann wäre die Görresburg ein Sonnen- und Mondbeobachtungsplatz gewesen, ein anschaulicher Naturkalender.

Folgender Textausschnitt macht Ursprung und Zweck solcher Naturplätze deutlich: »Mit dem Beginn des Ackerbaues ergab sich die Notwendigkeit eines Kalenders, um mit Rücksicht auf den Wechsel der Jahreszeit zur rechten Zeit ackern und säen zu können. Den beobachtenden Menschengeist musste sehr bald klar werden, dass der Wechsel der Jahreszeiten in einigem Zusammenhang mit dem Wandel von Sonne, Mond und Sternen steht (...) Mit Hilfe eines in der Landschaft vermarkteten Kalenders konnte der Bauer die Aussaat zur rechten Zeit vornehmen, ohne durch die oft schwankende Wärme und Witterung getäuscht zu werden.«[36]

Vorstellbar wurde durch meine Beobachtung, dass auf dem Heiligtum, das der Verehrung der aufanischen Matronen diente, die durch den Sonnenstand festgelegten Jahreszeitenfeste entsprechend gefeiert wurden, sicher der Beginn und das Ende des Bauernjahres zum Frühling- und Herbstbeginn, aber mit Gewissheit auch das Fest der hohen Sonne, der Sonnenwende zum Sommeranfang. Vielleicht hielt der Platz in der kalten Jahreszeit seine Winterruhe, denn die exponierte Lage der Görresburg ist im Gegensatz zu den Tälern äußerst kalt und windgepeitscht. Regelmäßige Besucher sind sich sicher, dass der Kultplatz kein Winterplatz war.

Betritt man heute die Tempelanlage durch den Haupteingang, so sind von dort und von der Nordostseite aus nur die Mauerreste des größten und mittleren Kultraums zu sehen. Von der Nordwestseite ist die mittlere Cella dem Blick entzogen. Nur von der südöstlichen Pfeilerecke erkennt man die drei Tempelchen. Auch wenn man sich diese in ihrer ehemaligen vollständigen Größe und den jeweiligen ursprünglichen Proportionen vorstellt, würde aus den verschiedenen Blickwinkeln jeweils ein Kultraum verdeckt bleiben? Zufall oder eine bewusste Bauweise, deren tiefer Sinn uns verborgen bleibt? Es könnte die sichtbare und unsichtbare Welt dargestellt sein oder ein Hinweis auf die Vollmond- und die Dunkelmondzeit geben.

Beachtung soll noch das »Hinterpförtchen« des Kultbereichs finden. Meist waren Tempelräume total geschlossen. Der Ausgang – von eiligen Touristen meist als Eingang benutzt – kann zwar ganz profan als »Sakristeitür« gedient haben, kann aber auch – da dem untergehenden Licht nach Westen zugewandt – zum Hinaustragen der Toten bestimmt gewesen sein. Die mittlere Cella wird gerne als Geburtsraum gesehen. Die Hauptcella kann als heiliger Raum für zeremonielle Initiationsriten gedient haben, zum Beispiel wenn ein junges Mädchen zur Frau, eine Frau zur Mutter und schließlich zur weisen Alte wurde. Dann hätte die kleinste Cella der Aufbettung der Toten dienen können. Betont sind im Nettersheimer Tempel die Schwellen zu den kleinen Räumen. Die Schwelle eines Tempels galt in vielen Kulturen als heilig. Es bedurfte einer gewissen Reinigung und Vorbereitung, bevor diese überschritten werden durfte, wozu oftmals ein hoher, großer Schritt nötig war. Im übertragenen Sinne kann die Schwelle einen neuen Lebensabschnitt symbolisieren.

Die Lage des Tempels in Natur und Landschaft

Ehemalige Kultplätze wurden nicht wahl- und planlos irgendwo in der Landschaft platziert, sondern ihre Lage wurde von den Naturvölkern sehr sorgfältig ausgesucht. Welche Kriterien dabei beachtet wurden, können wir heute nur ansatzweise erkennen.

Wasser musste in der Nähe sein, möglichst eine heilige Quelle mit heilendem Wasser. Für Reinigungs-, Heilungs- und Initiationsriten, aber auch als Lebensspender selbst hatte das Wasser eine kultische Funktion. Bei der Standortwahl des Matronentempels bei Nettersheim blieben die Quellen und Bäche der nahen Umgebung sicher nicht unberücksichtigt.

Der Hügel »Görresburg« liegt im Delta von Urft und Schleifbach. In der Sumpffläche am Hohlweg befindet sich eine Sickerquelle, deren Wasser heute unter dem Talweg in den Schleifbach geleitet wird. Diese Quelle und das sumpfige Gelände dort waren zur Zeit der Tempelnutzung sicher von Bedeutung. Im Süden des Heiligtums der aufanischen Matronen fließen kleine Quellwasser in die Urft.

Die nordöstlichen Hänge jenseits des Schleifbachtals heißen »Auf Rest« und »Resterberg« (mundartlich »Op Reis« und »Huuh Reis«). Die alte Bezeichnung »Riesenstein« ist nicht mehr bekannt und ein auffälliger Stein ist nicht mehr vorhanden. Durch einen Taleinschnitt ist die Gemarkung »auf Rest« westlich von einem Hügelhang getrennt, der auf der oberen Spitze »Galgenstrunk« heißt. Da es in der gesamten Nettersheimer Geschichte keinen Hinweis auf eine Richtstätte gibt, muss die Etymologie dieses Namens anderweitig ermittelt werden.

Eventuell hat an diesem Platz einst der Stumpf (Strunk) einer galgenförmigen Steinkonstruktion gestanden. Solche Formationen können Ursprung für manchen »Galgennamen« sein. In Mexiko gibt es einen Dolmen, bei dem zwei parallel aufragende Naturfelsen im oberen Teil mit einem Querbalken verbunden sind. An bestimmten Jahrestagen wirft dieses Steingerüst einen dreieckigen Schatten auf einen in etwa vierzig Meter Entfernung stehenden Balken eines Sonnenheiligtums. Der Bevölkerung war die steinalte Nutzung nicht bekannt. Sie benannte die Vorrichtung nach deren Form »Inka-Galgen«, obwohl sie weder etwas mit den Inkas noch mit einem Galgen zu tun hatte.«[37] Ein solch dolmenartiges Gebilde kann man sich auch auf dem Galgenstrunk gut vorstellen.

Hügel und markante Hügelformen spielten bei der Auswahl eines Kultplatzes eine Rolle. Sonnenaufgang und Sonnenuntergang zwischen zwei Erhebungen wurden beachtet. Im Schleifbachtal wird das Schutzverhältnis der drei Göttinnen widergespiegelt. So wie die äußeren Matronen ihre junge Göttin beidseitig gegen alles Böse abschirmen, so geben die Hügelhänge dem Bach Schutz und Schirm. Von den nördlichen Höhen des Schleifbaches aus ist das gegenüberliegende Terrain der Görresburg mit den westlich angrenzenden Flurstücken »Auf der Schnur« und »Auf der Heide« als ein einziger Bergrücken er-

Die Lage des Tempels in der Landschaft

kennbar. Sicher galt einst diese ganze Hügellandschaft als zusammenhängender Kultkomplex mit mehreren, unterschiedlich genutzten Plätzen. Die höchste Erhebung wird zur erhabensten Transzendenz geführt haben.

Von einem Kultplatz aus musste man einerseits einen freien Weitblick haben, andererseits musste aber auch der heilige Bezirk als solcher bereits aus der Ferne zu erkennen sein. Obwohl die Tempelanlage in Nettersheim nicht auf dem höchsten Punkt des Geländes liegt, ist sie doch ein regelrechter Blickpunkt. Die niedrigen Mauern sind weit zu sehen, die einstigen Tempel, Bäume oder Steine müssen demnach noch weiter geleuchtet haben. Wichtig war bei der Nutzung eines Platzes als Verehrungsstätte der Götter, dass eine visuelle Verbindung zu anderen Orten und Kultstätten möglich war, so dass das ganze Land in einer geistigen Verbindung miteinander stand. Noch im Mittelalter schuf man durch Wallfahrten quer durch das Land eine solche flächendeckende, religiöse Einbindung aller Dörfer und Städte.

Professor Heinz Kaminski (1921–2002), Gründer der Sternwarte Bochum, hat am Beispiel Wormbach im Sauerland diese Sicht- oder Visurlinien eingehend erforscht: »Ganz offensichtlich haben diese Visurlinien schon in früher Zeit die Qualität von Kultlinien besessen, an denen sich die Besiedlung in möglichst enger Zuordnung orientierte. Der Grund für dieses Ordnungsprinzip ist darin zu sehen, dass in damaliger Zeit eine Visurlinie nicht nur eine im heutigen Sinne abstrakte geodätische (landvermessende) Linie war. Diese Linien, die von dem Kultzentrum ausgingen, waren auch geistige Verbindungen im religiös-mythischen Wertsinne, d. h. Kultlinien.«[38]

Pilgerpfade können den Visurlinien gefolgt sein. Ebenfalls können diese Sichtlinien als Nachrichtennetz genutzt worden sein, denn wie die Kelten besaßen auch die Römer ein Warn- und Informationsnetz, das mittels Feuer oder Spiegelglas bei Kriegsgefahr eine Warnung weitergeben konnte. Innerhalb von Stunden war auf diesem Weg eine Nachrichtenübermittlung von der Nordküste bis ins Landesinnere möglich. In Nettersheim sind diese Verbindungen durch geologische Besonderheiten gut vorstellbar.

Neben dem optischen Nachrichtennetz gab es ein akustisches Informationssystem. Mittels Stimme oder mit einfachen Klanginstrumenten konnte man Wachtposten in Rufweite erreichen. Kultplätze waren diesem auditiven Verbundnetz angeschlossen. Da ist es nicht verwunderlich, dass mancher Kultplatz ein regelrechter Hörplatz ist, an dem Geräusche aus weiter Ferne klar und deutlich zu empfangen sind.

Quellenangaben

1 Nikola Reinartz: Die »Krummel« von Nechtersheym, ein Eifler Rittergeschlecht. In: Annalen des historischen Vereins für den Niederrhein, 1941, S. 9 Siehe auch www.nikola-reinartz.de

2 Festrede Lehrer Jaax beim 25-jährigen Eifelvereins-Jubiläum in Nettersheim 1934, Archiv Eifelverein Nettersheim, siehe auch 100 Jahre Eifelverein Nettersheim 2009

3 Franz Cramer: Römisch-germanische Studien, Breslau 1914, S. 174

4 Josef Hagen: Das Matronenheiligtum auf der Görresburg bei Nettersheim. In: Eifelvereinsblatt Juni 1911

5 C. A. Eick: Die römische Wasserleitung aus der Eifel nach Köln, Bonn 1867

6 Sophie Lange. Eines Dichters Wanderungen. Wissenswertes und Heiteres aus einem alten Reisebuch von Hermann Ritter. In: Jahrbuch 2006 Kreis Euskirchen, S. 118

7 Hans Lehner: Das Heiligtum der Matronae Aufaniae. In: Bonner Jahrbücher (BJ) 229, 1910, S. 309

8 H. Lehner: Die antiken Steindenkmäler des Provinzialmuseums in Bonn, 1918, Nr. 281

9 Antonius Jürgens: Zur Eröffnung restaurierter archäologischer Denkmäler in Nettersheim. In: Das rheinische Landesmuseum Bonn, Sonderheft 1978, Bonn 1978, S. 151

10 Hans Lehner: Das Heiligtum der Matronae Aufaniae bei Nettersheim. In: Bonner Jahrbücher BJ 119, 1910, S. 310

11 Klein: Weihestein aus Nettersheim, Eifel. In: BJ 191, 1897, S. 181

12 Wolfgang Spickermann: Germania Inferior, Tübingen 2008, S. 192 (s. auch S. 164 und 167) Ergebnisse aus der Dissertation von Frank Biller, 2005

13 B J 143/144, 1939, S. 431

14 B J 186, 1986, S. 612

15 Prof. Dr. Hans Lehner: Bericht über die Tätigkeit des Provinzialmuseums. In: B J 134, 1929, S. 142

16 Wolfgang Spickermann: Germania Inferior. Religion der römischen Provinzen, Tübingen 2008, S. 11

17 Lehner a. a. O. S. 319

18 Annette Kuhn: 2000 Jahre Bonn zu Ehren der aufanischen Matronen – ein feministischer Geburtstagswunsch. In: Die Bonnerinnen, Bonn ist 2000, Bonn 1988, S. 23

19 Provinzialschulrat Dr. Franz Cramer, Münster: Die »Aufanischen Mütter«. In: Eifelvereinsblatt Oktober 1913, S. 231

20 Isabella Horn: Diskussionsbemerkung zu Ikonographie und Namen der Matronen. In: Matronen und verwandte Gottheiten, Köln 1987, S. 156

21 Georg Andreas Bachem: Keltoromanisch im Gau Köln-Aachen, Köln 1968, S. 61

22 Günter Neumann: Die germanischen Matronen-Beinamen. In: Matronen und verwandte Gottheiten, Köln 1987, Seit 114/115

23 Werner Eck: Niedergermanische Statthalter. In: BJ 184, 1984, S. 115–122

24 Joachim Ott: Die Beneficiarier, Stuttgart 1995, S. 61

25 Berichte über die Tätigkeit des Provinzialmuseums. In: BJ 120, 1911, S. 77

26 Heinz Günter Horn, Hg: Die Römer in Nordrhein-Westfalen, S. 213

27 Dechant und Oberpfarrer des Bonner Münsters Johannes Hinsenkamp: Die Funde in der Bonner Münsterkrypta in ihrer Beziehung zur Eifel. In: Eifelvereinsblatt Februar 1929, S. 21

28 Hans Lehner und Walter Bader: Baugeschichtliche Untersuchungen am Bonner Münster. In: BJ 136/137, 1932, S. 203

29 Lehner, a.a.O. S. 302

30 Lehner, a.a.O. S. 305

31 Antonius Jürgens: Grabungen und Restaurierung archäologischer Denkmäler in Nettersheim, Kreis Euskirchen. Sonderheft Januar 1977, Bonn 1977, S. 88

32 Lehner, a.a.O. S. 316

33 Römerüberreste bei Nettersheim in der Eifel. In: Eifelvereinsblatt Januar 1926, S. 9

34 Rheinisches Landesmuseum, Jahresbericht 1976. in: BJ 179, 1978, S. 723

35 Wolfgang Spickermann: Germania Inferior, S. 192 und 67

36 August Henkes: Der Carosgau in der Eifel, Hannover 1934, S. 33

37 Gottfried Kirchner: Im Schatten der Inkasonne, 1983, S. 148

38 Heinz Kaminski: Die Götter des Landes Vestfalen, Fredeburg 1988, S. 176

Das Zülpicher Land

Eine intensive Besiedlung des Zülpicher Raums durch die Kelten wird durch die dortigen Ortsnamen mit der Endung ich (von acum=Gutshof) bewiesen: u. a Füssenich, Geich, Gessenich, Rövenich, Ober- und Niederelvenich, Wichterich, Nemmenich, Ülpenich, Lövenich, Linzenich, Sinzenich, Irnich, Virnich, Merzenich, Bürvenich, Eppenich und der Zentralort Zülpich. Die keltische Kultur dürfte sich in der Wesensart der Bewohner und in deren Sitten niedergeschlagen haben. Die Ortsnamen dokumentieren gleichzeitig eine kontinuierliche Nutzung dieses fruchtbaren Landstrichs.

Die keltischen Religionsvorstellungen wurden auch hier von den Römern übernommen. Im römischen Tolbiacum/Zülpich mit seinen wichtigen Straßenkreuzungen (Reims-Köln, Trier-Neuß) setzte man den altüberlieferten, aufanischen Schutzgöttinnen genauso eifrig Weihesteine wie in Bonn und in Nettersheim. Doch auch andere Matronen und weitere Göttinnen wurden verehrt. Allein in Zülpich und in den heute zur Großgemeinde gehörenden Orten sind insgesamt 30 Matronen-Weihungen gefunden worden. Dazu kommen noch 20 Weihesteine der Fundstellen, die heute zum Kreis Düren gehören, aber einst sicher im Zülpicher Kultkreis eingebunden waren. Zülpich und das ganze Umfeld scheinen ein regelrechtes Frauen- und Göttinnenland gewesen zu sein. Die Verehrung von männlichen Göttern hat hier kaum stattgefunden. Nur einige wenige Relikte von Jupitersäulen sind geborgen worden. Nun war der Jupiterkult für die im Dienst der Römer stehenden Legionäre aber eher eine Pflichtübung als eine Herzenssache. Auch die Soldaten nahmen ihre Zuflucht zu Göttinnen und nicht zu Göttern. Ganz offensichtlich waren die Dreiergöttinnen die dominierenden heiligen Schutzwesen des ganzen Zülpicher Landes und das bestimmt nicht nur zur Römerzeit, sondern bereits in den Jahrhunderten zuvor.

Das alte Zülpich

Zülpich: Matronen und andere Göttinnen

1844 fand man in Zülpich am Münstertor erstmals einen Aufanien-Inschriftenstein.[1] An der linken Seite zeigt dieser Stein ein Füllhorn. Aus der verstümmelten Inschrift las man folgenden Text: Aufanis Lentinius Messienus ex imperio, also die Steinsetzung eines Kelten auf Geheiß der Göttinnen. In diesem Lentinius sieht man den Namensgeber des Ortes Linzenich.

1853 entdeckte man beim Bau der Straße von Zülpich nach Kommern am Münstertor einen zweiten Aufanien-Weihestein. Mit diesem rechteckigen Altar lösten Aulus Valerius Verus und Iustinia Ursa ein Gelübde ein. Oben auf dem Altarstein sind zwei Äpfel und eine Birne abgebildet. Ein dritter Aufanienstein, der an den Seiten mit Bäumen geschmückt ist, fand sich ebenfalls in der Nähe des Münstertors. Der Stifter Fuscinius wird mit Füssenich in Verbindung gebracht.

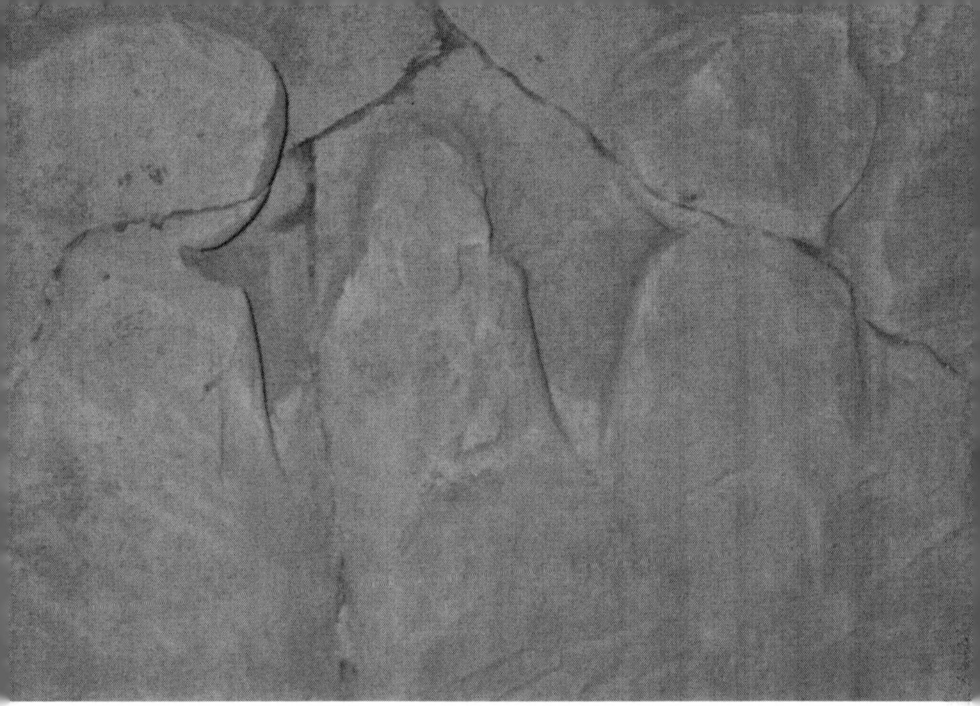

Beschädigter Matronenstein, Museum Zülpich

An der gleichen Fundstelle entdeckte man 1844 einen rechteckigen Altarstein für die »Junnonibus domesticis«. Die Junonen sind benannt nach der römischen Göttin Juno, der Gemahlin Jupiters und Schutzgöttin der Frauen. Sie sind den Matronen gleichzusetzen. Soweit zu entziffern, ist dieser Stein von den vicanii Tolbiacenses, den Bewohnern von Tolbiacum (Zülpich), gestiftet, zu Ehren der heimischen Göttinnen und zum Schutz für Heim und Heimat. Zusätzlich fand man 1854 an der gleichen Fundstelle den Torso einer Tonfigur der Juno. Eine weitere kleine Tonfigur dieser Göttin wurde 1844 von einem Zülpicher Bürger dem Provinzialmuseum in Bonn geschenkt.

1846 stieß man ebenfalls am Münstertor auf einen winzigen Votivstein mit der Inschrift Quadrubiae sacrum. Diese »heiligen Vierwege-Göttinnen«, die verschiedentlich in Niedergermanien vorkommen, waren Schützerinnen der Wege und der Kreuzpunkte von vier Wegen. Solche Schutzgottheiten sind zwar nicht identisch mit den Matronen, aber doch nahe verwandt mit ihnen und »in den Kreis der Matronen einzureihen«. Altäre für diese Wegegöttinnen wurden bei der Christianisierung durch Heiligenhäuschen, Bildstöcke oder Kreuze ersetzt.

Die Aufaniensteine sowie der Junonen- und Quadrubiae-Stein – alle in geringer Entfernung voneinander an der Südseite der Stadt gefunden – und die Reste von Säulen, Kapitellen sowie Sockelbruchstücken ließen dort ein Ortsheiligtum oder sogar ein »Hauptheiligtum« vermuten. Der Tempel war jedoch nicht, wie zunächst angenommen, der »Ursitz« der aufanischen Matronen (s. Nettersheim/Bonn). Man war sich aber sicher, dass an der Fundstelle sowohl die Römer als auch die Kelten ihre Gottheiten einst verehrt hatten.

Pfarrer Nagelschmitt, in dessen Pastoratsgarten ein Teil der Funde sichergestellt wurde, sagte dazu 1884 in einer Rede: »Nach meiner Meinung befand sich hier schon vor Erbauung des Kastells eine keltische, den aufanischen Matronen gewidmete Kultstätte. Die Verehrung solcher mütterlichen Gottheiten war nämlich überall verbreitet, wo Kelten wohnten oder einmal gewohnt hatten.«[2]

Als weiterer Fund ist ein Bild-Weihealtar interessant, der den genius loci mit einem Füllhorn und einer Opferschale zeigt. Über seinem Haupt halten zwei geflügelte Genien eine Mauerkrone. Der Altarstein ist zugleich den aufanischen Matronen geweiht, die gemeinsam mit dem Schutzgeist Land und Menschen beschützen sollten. Der Götterstein war zunächst unter dem Münstertor mit der Inschrift nach innen eingemauert. Bei der Restaurierung des Tores wurde er herausgenommen und vor dem Tor in die Umfassungsmauer des Stadtgrabens eingefügt. Der Altertumsforscher Eick machte sich 1867 Sorgen, ob der gute Geist auch von dort seinen Segen spenden konnte: »Unter allen bisher in Zülpich aufgefundenen Inschriften ist diese unstreitig die wichtigste und bleibt nur zu bedauern, dass man den Schutzgott nicht wieder unter sichere Obdach genommen, sondern unbekümmert darum, ob er auch fernerhin sein Füllhorn über die Fluren ausschütten werde, ihm ein Eckplätzchen vor dem Tore angewiesen hat, wo er, dem Wind und Wetter Preis gegeben, bald völlig unkenntlich geworden sein wird.«[3] Pfarrer Nagelschmitt berichtete 1908, dass dieser Stein einem Privatmann überlassen wurde, »der ihn zur Decke eines Brunnens in seinem Garten am Münstertor verwendete.«[4]

Als man 1856 den Marktplatz in Zülpich neu pflasterte, stieß man an der Nordseite des Platzes auf Gräber, die seitlich mit Matronensteinen eingefasst waren. Wie bei anderen Matronensteinen, die bei Steinsärgen eine Zweitverwendung gefunden hatten, waren auch hier die Inschriften nach innen gekehrt. Es waren jedoch keine aufanischen Matronen genannt, sondern Matronen mit unterschiedlichen Beinamen. Die Votivsteine dürften also von anderen Orten zu dem Gräberfeld nach Zülpich gebracht worden sein.

Einer dieser Steine ist der Matronis Cuchenehis von einem Legionär der Bonner Minerva I gewidmet. In roten Buchstaben heißt es: »L. Marcius, der Sohn des Aetons (einheimischer Name), bescheidener Soldat der I. Minervischen pflichtgetreuen und zuverlässigen Legion, erfüllt gegenüber den cuchenehischen Matronen pflichtgemäß aus gutem Grund freudig sein Gelöbnis.« Unter der Inschrift ist eine Opferhandlung dargestellt. Ein Soldat legt auf den vor ihm stehenden kleinen Altar eine Opfergabe nieder. Seitlich des Opfertisches stehen die drei Matronen (eine beschädigt). Entgegengenommen wird die Gabe von der jungfräulichen Göttin, dabei hält diese »die Hände im Schoße zusammengefügt und scheint der Opferhandlung des Widmenden ihre ganze Aufmerksamkeit zu schenken«. An einer Schmalseite ist ein halber Baum zu sehen. Die andere Seite weist Blattornamente auf. Ein zweiter Inschriftenstein des Gräberfeldes in Zülpich ließ Lorbeerzweige erkennen. Der Matronen-Beiname, der stark verwittert war, wurde als Cuchenehis gelesen. Zwei weitere Steine dieser Matronen fand man in Merzenich bei Zülpich.

Der dritte Bildnisstein des Gräberfeldes hat Sextus Candidus Maternus für sich und die Seinen als Einlösung eines Gelübdes den Matronis Vesuniahenis gestiftet. Die Matronendarstellung war nur von den Knien bis zu den Füßen der Göttinnen erhalten, da die Matronensteine auf Grabmaße geschlagen worden waren. Bei der rechts sitzenden Matrone konnte man noch einen Fruchtkorb auf dem Schoß erkennen. Deutlicher sind die Abbildungen auf den Nebenseiten. Die rechte Seite zeigt ein Füllhorn mit Obst und einem Pinienzapfen. An den Seiten des Füllhorns sind fallende Äpfel eingemeißelt. Das untere Ende des Füllhorns »krümmt sich zierlich um eine große rechts gelegene Kugel«.[5] Auf der linken Seite wächst ein Füllhorn aus einem Blätterzweig, auf dem »ein großer Vogel mit rückwärts gebogenem Kopfe« sitzt. Er wurde 1857 als Rabe oder Krähe gesehen. Da aber spätere Funde einen solchen Vogel eindeutig als Kranich kennzeichnen, dürfte es sich auch hier um diesen Vegetationsvogel handeln. Der rückwärts gebogene Kopf (ebenfalls auf anderen Matronensteinen zu sehen) kann möglicherweise die keilartige Flugformation dieser Zugvögel darstellen. Der Name Vesuniahenis wird auf Vettweiß bezogen. In Vettweiß, Wollersheim und Embken (Kreis Düren) fand man zahlreiche Weihesteine an diese Göttinnen.

Im Juli 1951 stieß man bei Ausschachtungsarbeiten im alten Friedhofsbereich Meersburden (Martinsbauernschaft), nahe der alten Römerstraße Zülpich – Köln (Ecke Römerallee/Dreikönigsweg) auf Gräber aus der Römer- und Frankenzeit. In einem Ost-West ausgerichteten Doppelgrab aus der Frankenzeit, das mit starken Rotsandsteinplatten eingefasst war, fand man zwei übereinander liegende Skelette. Die Köpfe der beiden Toten waren auf einem Matronenstein gebettet. Die Bildnisse der Göttinnen waren erhalten, die unteren Teile mit den Inschriften abgeschlagen.[6]

Die Verwendung von Matronensteinen als Teile von Steinsärgen hat unterschiedliche Bewertungen hervorgerufen. Einerseits wird diese Zweitverwendung als praktische Nutzung gesehen, andererseits glaubt man, darin einen Sinn zu erkennen. Da die Inschriften oder Bildnisse fast immer zum Sarginnern gewendet sind, scheint man die Steine doch sehr bewusst als Grabsteine benutzt zu haben. Es sei darauf hingewiesen, dass Matro-

Ausstellung Aufanis, Zülpich 2001

nen in ihrem Aspekt der Fruchtbarkeit nahe mit dem Totenkult verbunden sind. Die Datierung der Begräbnisstätten mit Matronensteinen macht einige Schwierigkeiten. Man ist sich meist nicht sicher, ob die Verstorbenen bereits Christen waren. Gerade das Zülpicher Grab mit der Lagerung der Köpfe der Toten auf dem Matronenstein kann als eine weitere, vielleicht heimliche Verehrung der Matronen angesehen werden, möglicherweise in der Übergangszeit zum Christentum, also bei der »Heidenverfolgung«, als eine offene Verehrung dieser Schutzgöttinnen nicht mehr möglich war.

In Zülpich hat sich in der Volksüberlieferung die Erinnerung an einen Heidentempel bewahrt: »Nach einer alten Ortstradition hat ein heidnischer Tempel an der Stelle gestanden, wo jetzt die Peterskirche steht.«[7]

Das Chörchen der Krypta soll auf jeden Beschauer den Eindruck gemacht haben, dass die Krypta aus einer früheren Zeit herstamme. Die Hypothese, dass es sich um einen Marstempel gehandelt haben könnte, bestätigte sich jedoch nicht. Vielmehr fand man im alten Kryptaeingang vermauert die Schmalseite eines Matronensteins, auf der ein Dreifuß (Opfertisch?) abgebildet ist. Darauf steht eine Schale mit Äpfeln.

Zülpich-Hoven: Göttinnentempel und Frauenkloster

Das Kloster Marienborn in Hoven bei Zülpich steht auf geschichtsträchtigem Boden. Im Jahr 1188 zogen Zisterzienserinnen von St. Thomas an der Kyll nach hier, um eine Niederlassung zu gründen. Vom Mittelalter ist von strenger Klausur und eifrigem Tugendstreben, von innerem Glück und tiefem Frieden, von guter Gesinnung trotz äußerer Bedrängnisse im »Kloster der Gerechten« die Rede. 1804 wurde das Kloster innerhalb der Säkularisierung aufgelöst, kam in Privatbesitz und wurde später von den Cellitinnen aus Köln übernommen. Heute werden in den Krankenanstalten »Marienborn« alte und psychisch kranke Menschen behandelt und betreut.[8] Dass Hoven bereits seit fast zweitausend Jahren ein Frauenplatz ist, zeigen Göttinnensteine in der Klosterkapelle. Zur Römerzeit gab es im Bereich des Klosters Marienborn bereits eine Siedlung. Auch dort wurden die Matronen verehrt. Zwei Inschriften der Matronae Sait(c)hanniae kamen in der dortigen Klosterkirche im Mai 1889 bei der Wegnahme des alten Verputzes zum Vorschein.[9]

Beide Steine befinden sich im Altarbereich, links am Eingang des Chores bzw. neben dem Triumphbogen und können heute noch betrachtet werden. Die Stifter tragen germanische Namen und auch der Beiname der Matronen ist germanisch. Als Sinnname wurde er mit »die gegen bösen Zauber Schützenden«[10] übersetzt. Als topischer Name wurde er mit Sechtem bei Bonn in Zusammenhang gesehen. Auf einem in der dortigen Pfarrkirche 1973 gefundenen Matronenstein war der Inschriftenteil, der vielleicht eine Klärung gebracht hätte, nicht erhalten.

Vorne rechts im Chor der Hovener Klosterkirche, schräg gegenüber der Matronensteine, war man bereits im Oktober 1888 auf eine römische Inschrift gestoßen. Der Stein wurde »von der ihn ganz bedeckenden Tünche und den Resten mehrmaliger Übermalung mit großer Mühe«[11] gereinigt und die Schrift lesbar gemacht, die sich als »außerordentlich sorgfältig und schön gearbeitet« erwies. Ans Tageslicht kam eine Tempelweihung für die dea Sunuxalis. Die Bauinschrift besagt, dass zur Zeit des Kaisers Gordian um 239 n. Chr. Probia Iustina den Tempel zu Ehren der Göttin für ihren Sohn neu errichten ließ.

Sunuxal (verschiedene Schreibweisen) war die Stammesgöttin der Sunuci, deren Wohngebiet westlich an das Ubierland grenzte. Man nimmt an, dass Zülpich ursprünglich von den Sunucis bewohnt war und in römischer Zeit den Ubiern zugeteilt wurde, wobei die Trennungslinie dieser beiden Volksstämme zwischen Zülpich und Hoven verlief. Im Mittelalter schied hier eine Grenze das Kurfürstentum Köln und das Herzogtum Jülich. Heute ist Hoven der Stadt Zülpich eingemeindet.

Im von Hoven fünf Kilometer entfernten Embken (Kreis Düren) fand man 1848 an der »Gödesheimer Burg« innerhalb eines Gräberfeldes neben neun Votivsteinen der Matronis Veteranehis ebenfalls einen Weihestein an die dea Sunuxal. Im nahen Wollersheim, wo man am Pützberg auf 40 fränkische Gräber mit drei Steinen der Matronen gleichen Namens wie in Embken stieß, wurde auf den Feldern ebenfalls ein Altärchen der Göttin Sunuxal freigelegt. Ein weiterer Weihestein dieser Stammesgöttin wurde 1908 zwischen Heimbach und Vlatten entdeckt. Dieser Stein zeigt an beiden Schmalseiten Bäume. An der Inde bei Eschweiler/Aachen stellte man ebenfalls einen Sunuxal – Weihestein sicher. Ein gemeinsamer Tempel der Göttin Sunuxal und der Ortsgottheit Varneno aus dem 2./3. Jahrhundert wurde 1910 bei Kornelimünster freigelegt und 1989 rekonstruiert.

Die Matronensteine und die Sunuxal-Tempelweihung sprechen für eine intensive Verehrung von Göttinnen im Bereich des späteren Frauenklosters. Sicher ruht in Hoven – wie überall im Zülpicher Land – noch mancher Matronenstein im Schoß der Erde. Wer die Kapelle im Kloster Marienborn besucht, sollte nicht versäumen, die »Hovener Madonna« zu betrachten. Diese romanische Figur aus der Zeit von 1170/80 hat in ihrer thronenden Haltung viel Ähnlichkeit mit den Matronen der vorchristlichen Zeit.

Geich und der Eulenberg bei Juntersdorf

In dem zwischen Zülpich und Füssenich liegenden Dorf Geich wurden im Herbst 1854 in einem Garten in Richtung Zülpich nebst »einer großen Masse von Ziegeln in allen Formen auch mehrere Urnen und andere Gefäße«[12] ausgegraben. Dabei stieß man auf einen Matronenstein, den ein Erbe nach der testamentarischen Verfügung eines anderen hatte anfertigen lassen. Der Votivstein, dessen Verbleib unklar ist, trug den Matronenbeinamen Ulauhinehis.

Der Name wird als germanisch angesehen und mit »die für den Eulenhain Zuständigen«[13] übersetzt. Auf der Tranchotkarte (1801–1813) ist der Eulenberg als Hulenberg eingezeichnet. Bei Sinzenich gibt es ebenfalls einen Eulenberg, dem sich in Richtung Schwerfen der Görresberg (Gottesberg?) anschließt, der auf der Tranchotkarte mit Heydenberg eingetragen ist. Ein weiterer Eulenberg, der Beachtung verdient ist der Eulenberg bei Urfey/Weyer (s. Weyer).

Plätze, die den Flurnamen »Eule« tragen, werden gerne als alte Kulthaine betrachtet. Allerdings hat die Bezeichnung nichts mit der Eule zu tun, obwohl dieser Vogel der Weisheit das heilige Tier von Göttinnen war, zum Beispiel der griechischen Göttin Athene, der römischen Göttin Minerva und der keltischen Göttin Rigani. Abgeleitet werden können Eulennamen viel eher von dem germanischen Wort alah=heiliger Hain, geweihte Stätte. Die Ulauhinehae wären somit die Göttinnen von einer bestimmten Kultstätte.

Obwohl nur dieser eine Matronenstein in Geich gefunden wurde, muss die Matronenverehrung in diesem Gebiet groß gewesen sein, denn die Göttinnen spuken häufig in ihrer Sagengestalt als Juffern dort herum.

Drei mündliche Überlieferungen[14] wissen von den Juffern in der Juntersburg. In der ersten Erzählung heißt es: »In alter Zeit war die Juntersdorfer Burg mit Wall und Graben umgeben. Heute ist nur an der Nordseite ein Stück Wassergraben übriggeblieben. Manchmal ließen sich in der Burg und in deren Nähe drei Juffern sehen. Obwohl sie keinem ein Leid zufügten, fürchtete man sich sehr vor ihnen. Was sie suchten und warum sie umgingen, wusste niemand zu sagen.« Die Juffern wandelten manchmal durch den Burghof, schritten an den Ställen vorüber, klopften an jeder Tür und suchten öfter die Scheune auf. Gerne schritten sie durch die Wiesen: »Auch in den Baumwiesen nahe der Burg trieben sie oft ihr Wesen. Wenn große Wäsche war, wurde dort nachts gewacht. Die Wächter wollen sie dann oft gesehen haben; doch sollen sie niemanden angeredet haben, sondern immer nur stumm einhergegangen sein.«

In der zweiten Erzählung sind die drei Juffern schwarz gekleidet, und es rauscht wie bei Seidengewändern. Sie erscheinen einer Magd beim morgendlichen Melken im Stall. Das Mädchen will aus lauter Furcht nicht mehr in den Stall. Aber der Burgherr erklärt ihr die gute Gesinnung der Juffern: »Die hale all Kods us däm Stall, keen Hex kann jet maache.« (Die halten alles Böse aus dem Stall, keine Hexe kann etwas machen.)

In der dritten Überlieferung aus Juntersdorf geht es um Birnen, das häufigste Attribut der Matronen: »Zwei junge Burschen gingen zum Baumgarten der Burg, um für sich und die Mägde Birnen zu stehlen. Während der eine am Eingang achtgab, dass keiner sie überraschte, kletterte der andere auf einen Baum und schüttelte die Birnen ab. Als er herunterblickte, sah er, dass das Obst schon aufgehoben wurde. Da rief er dem anderen zu: ›Jag doch die Fraulöck fott; mie wolle denne jet brenge, nu senn se at hee, on rafe se op.‹ (Jag doch die Mädchen weg, wir wollen denen etwas bringen. Nun sind sie schon hier und heben sie – die Birnen – auf.) Als sie zu den Mädchen kamen, liegen die schon im Schlafe. Da erkannten sie, dass die drei Juffern die Birnen aufgehoben hatten. Sie erzählten einem alten Mann ihr Erlebnis. Er entgegnete: Das ist nichts Neues; die haben schon so manchem Obstdieb einen Schabernack gespielt. Sie wollen nicht, dass dort jemand stiehlt.« In dieser Sage beschützten die

Juffern ganz eindeutig das Schutzgebiet der Matronen: Obstwiesen und vor allem Birnen.

An der Stelle der hochgelegenen Kirche zu Juntersdorf stand zur Römerzeit wohl ein Wacht- oder Signalturm. Im Mauerwerk der Kirche sollen römische Ziegeln eingebaut sein.

Oberelvenich und der Rotbach

In Oberelvenich fand man 1870 vier »arg verstümmelte« Matronensteine, die 1862 durch die Vermittlung eines »Kölner Althändlers« ins Bonner Provinzialmuseum gelangten. Die Votivsteine zeigten einen neuen Matronenbeinamen: Albiahenis.[15]

Auf einem stark beschädigten Weihestein sind die drei Göttinnen »auf einer steinernen Ruhebank sitzend« in der üblichen Tracht zu sehen. Sie tragen Halsreifen mit Lunula. Die Fruchtkörbe auf dem Schoß sind mit Äpfeln, Birnen und weiteren Früchten gefüllt. Die rechte Seitenfläche schmückt eine zierlich gearbeitete Arabeske von Blättern und Blumen, über der eine Schüssel mit drei Früchten (Äpfeln?) angebracht ist. Aus der stark verstümmelten Inschrift las man heraus, dass der Weihestein von zwei Frauen namens Iustina und Vera Terentiae gestiftet worden war: Matronis Albiahenis Terentiae Iustina et Vera VSLM.

Ein zweiter Stein aus Oberelvenich zeigt nur Bruchteile des Matronenbildes. Von einem dritten Altar der Matronae Albiahenae hat lediglich das stark bestoßene Oberteil mit einer Inschrift die Jahrhunderte überdauert. Ein Inschriftenstein ist von zwei Stiftern mit den keltischen Namen Lucillius Dagionius und Firmanus Dagionus gestiftet worden. Die linke Schmalseite ist abgeschlagen, die rechte zeigt ein Füllhorn.

Die Fundstelle ist in den Bonner Jahrbüchern mit »im sogenannten Heidenfelde« angegeben.[16] Ein sogenanntes Heidenfeld gibt es in Oberelvenich aber nicht, wie bereits im Jahr 1907 festgestellt wurde. Trotzdem wurde das »sogenannte Heidenfeld« getreulich übernommen und bis in jüngster Zeit veröffentlicht. Allzu gerne assoziiert man Heide-Flurnamen mit heidnischen Kultplätzen. Am Beispiel Oberelvenich wird jedoch klar, wie vorsichtig man mit solchen Spekulationen umgehen muss. Längst nicht jeder Heidenberg oder jedes Heidenfeld hat etwas mit vorchristlichen Kultplätzen zu tun. Oft ist nur eine heideartige Fläche oder eine mit Heide bewachsene Flur gemeint.

Die Angabe »Heidenfeld« beruht in Oberelvenich wahrscheinlich auf einer Verwechslung mit »Weidenfeld«, denn im »Weidenfeld« zwischen Ober- und Niederelvenich war man 1870 auf eine ausgedehnte römische Begräbnisstätte mit Lanzen, Schwertern, Kugeltöpfchen und Münzen gestoßen. Die richtige Fundstätte der Matronensteine – nach Angaben des damaligen Grundstückbesitzers und Finders – war der 1860 entdeckte Römerbrunnen, in dessen Überbau die Göttinnenaltäre eingefügt waren. 1937 hieß es darüber: »Das bedeutendste Zeugnis dieser Zeit (Römerzeit) ist der noch wohl erhaltene Römerbrunnen hundert Meter östlich vom Bahnhofe der Kreisbahn. Noch vor zwanzig Jahren lag er hier von dichtem Buschwerk und Ulmen beschattet und spendete mittels Ziehhaken den Anwohnern das nötige Trinkwasser, ist aber inzwischen aus Sicherheitsgründen zugeschüttet worden. In seinem oberen Teil besteht er aus schön behauenen und gut gefügten Tuffquadern, die auf einem schweren Eichenpfahlwerk ruhen. Bei der Auffindung 1860 kamen auch die bereits erwähnten und dem Überbau eingefügten Matronensteine zu Tage, ferner römische Dachziegelstücke, eine Geldmünze aus der Kaiserzeit, Nägel, Eisenringe, zahlreiche Perlen, drei römische Lanzen und zehn wohlerhaltene menschliche Skelette von kräftiger Konstitution; ein gepflasterter Weg verlief von hier zur Hauptdorfstraße.«[17]

In dem Beinamen Alibiahenae dieser Matronen sieht man einen Bezug zu der Fundstelle und dem Ortsnamen Elvenich. Diesen führt man zurück auf den gallischen Personennamen Albinus und ein Heim dieses Mannes, das als Albiniacum bereits 855 urkundlich erwähnt ist. Der Personennamen kann mit der Silbe alb zusammenhängen, die bei vielen alten Fluss- und Ortsnamen vorkommt (Elbe, Elven, Olpe). So wären die alibiahenischen Matronen »die vom Fluss«. Mit dem »Fluss« kann nur der 39 km lange Rotbach gemeint sein, der durch Oberelvenich fließt. Dieser entsteht bei der Eickser Mühle aus dem Mühlen- und dem Bruchbach, streift die Orte Schwerfen, Sinzenich, Linzenich Lövenich, Nemmenich, Lüssem, Ober- und Nieder-Elvenich, Mülheim (wo er den Bleibach aufnimmt), Wichterich, Niederberg, Friesheim, Ahrem und Lechenich. Nördlich von Erftstadt-Dimerzheim (südöstlich von Gymnich) mündet der Rotbach in die Erft.

Der Name Rotbach ist erst neueren Datums und beruht auf einer braunrötlichen Färbung, die das Wasser nach starken Regenfällen infolge des rötlichen, eisenreichen Erdreiches annimmt. Die ursprüngliche, wahrscheinlich vorkeltische Bezeichnung für den Rotbach ist Varavana (Var-ava=sich dahin wälzendes Wasser), die sich zu Vervena entwickelte. Der Rotbach, dessen Lauf in alter Zeit viel gewundener war, hieß bei den Franken Wervena (drehendes, Strudel bildendes Wasser) und später Werfe. Dieser Name spiegelt sich noch im Ortsnamen Schwerfen wider.

Einen direkten Namensbezug zu den albiahenischen Matronen ergibt sich nicht, jedoch war der Rotbach ein regelrechter Begleiter der Matronenverehrung im Zülpicher Land. Der Bach wird an besonderen Festtagen aufgesucht worden sein und spendete für Reinigungs- und Heilungskulte das notwendige Wasser.

Rövenich: Die Geberinnen von guten Gaben

Zu den verloren gegangenen Matronensteinen müssen vier Weihesteine gezählt werden, die in Rövenich (Rubiniacum = Gut des Kelten Rubinius) »im gesegneten Flachland des Zülpich-Gaues« gefunden wurden.[18] Die Fundstelle wird in der Nähe der alten Römerstraße vermutet. Das Datum der Auffindung ist nicht bekannt, liegt jedoch vor 1897. Es wird angenommen, dass die Altarsteine von den Franken nach Rövenich verschleppt wurden. Dagegen spricht allerdings, dass alle vier Denkmäler den gleichen Matronen-Beinamen tragen: Gabiae. Dieser ist auch von anderem Fundmaterial belegt. Ein Soldat der Minerva I stiftete an die »Matronis Gabiabus« einen Weihealtar, der in der Nähe des Römerkanals bei Kirchheim/Euskirchen gefunden wurde. Ein anderer Gabiaestein wurde in Müddersheim (Kreis Düren) zu Tage gefördert. Auch die Matronen, deren Weihestein in Rohr bei Blankenheim entdeckt wurde, heißen eventuell Gabiae. In Köln wurde ein Weihestein mit Widmung freigelegt, auf dem Gabiae gemeinsam mit den Junonen genannt war: Junonibus Gabiabus. 1919 fand man in Lützermiel (Kreis Rheinbach) in einem Brunnen den Rest eines Altars der Matronae Gabiae.

Diejenigen Wissenschaftler, die versuchen, die Matronen-Beinamen als Sinnnamen zu erklären, sehen die Gabiae als die Gebenden von guten Gaben (abgeleitet von dem germanischen Wort gaba = geben). Welche gute Gaben mögen die Gabiae den Menschen geschenkt haben: Gesundheit, Glück und ewiges Leben?

Einen Matronentempel der Gabiae vermutete 1917 Prof. Hürten aus Münstereifel in der Nähe von Brühl: »Bei Brühl gibt es nämlich eine Straßenbezeichnung, die Gabjä, die mit dem Namen Gabiae in geradezu auffallender Weise übereinstimmt. Die so bezeichnete Straße führt über das Vorgebirge von Brühl nach Liblar und an dem Braunkohlenwerk »Grube Brühl« vorbei, an dessen Stelle vor 40 Jahren eine einfache Grube mit Handbetrieb war, die man »An den Dreimären« nannte, ein Name, der auch heute noch bei den Arbeitern der Grube Brühl gebräuchlich ist. Nun ist das Wort »Mär« im Klange ganz gleich dem französischen Worte für Mutter, und demnach dürften die Dreimären die drei Mütter oder Matronen sein, die ehedem an dieser Stelle verehrt wurden und zu deren Heiligtum die eben genannte Gabjästraße führte.«[19]

Von dem nördlich von Rövenich gelegenen »Siechhaus«, wo man mehrere Tränenkrüglein, Tonlämpchen und römische Münzen fand, wird angenommen, dass dort zur Römerzeit die letzte zu Zülpich gehörende Signalstation gewesen sei. Zum dortigen Johanniskapellchen kamen bis zum Jahr 1860 viele Pilger, brachten Wachs als Opfergabe und wurden mittels einer Zündwachsschnur, die um den Kopf gelegt wurde, von Kopfschmerzen befreit, »je nach dem Grade des Leidens ein- bis dreimal herum.«[20] Der Hauptpilgertag war der Johannistag (Sommersonnwende), der »seit Jahrhunderten« in der ganzen Gemeinde Rövenich als gebotener Feiertag gehalten wurde.

Manchmal weisen Plätze, an den über Jahrhunderte hinweg Menschen Heilung suchten, auf vorgeschichtliche Kult- und Heilplätze hin. Leider schweigen die drei Juffern, die am Siechhaus öfter zur Nachtzeit herum spuken, zu der Frage, ob »Am Siechhaus« einst eine Kultstätte der Matronae Gabiae war.

Enzen, Linzenich, Lövenich und der Schievelsberg

Der Schievelsberg, in der Nähe von Linzenich und nicht weit von Lövenich entfernt, übt auf Wanderer und Wanderinnen eine magische Anziehungskraft aus. Dort war einst eine Malstätte, eine Gerichtsstätte. 1394 gehörten zum Bezirk des Landgerichtes Schievelsberg 14 Dörfer. Gericht wurde im Freien gehalten und Todesurteile gleich an Ort und Stelle vollzogen. Kein Wunder, dass es manchem dort nicht ganz geheuer vorkommt.

In einer Sandgrube am Schievelsberg fand man im Herbst 1874 ein aus Sandsteinen zusammengesetztes fränkisches Grab. Eine Steinwand entpuppte sich als eine von einem Matronenaltar abgespaltene Platte, die in Zweitverwendung als Grabwand gedient hatte. Der Stein trug folgende Inschrift: Matronis Hiheraiis M(arcus) Antonius Hilario VSLM. Allerdings war man sich bei einigen Buchstaben nicht ganz sicher. Auf den beiden schmalen Seitenflächen war je ein Baum im Relief eingemeißelt.

Die Deutung des Beinamen Hiheraiis macht wieder Schwierigkeiten. Er kann mit dem nahe der Fundstelle gelegenen Dorf Irnich (Iihrnich ausgesprochen), der Burg Irnich oder dem Irnicher Berg zwischen Sinzenich und Floisdorf zu tun haben. Nach Aussagen von Ortsbewohnern (1950) wurden am Irnicher Berg an der Ostgrenze der Gemarkung Floisdorf ebenfalls Steinplattengräber gefunden.

Da die Fundstelle am Schievelsberg damals zur Gemeinde Enzen gehörte, wurde der Matronenstein als »römischer Matronenstein zu Enzen« katalogisiert, obwohl die Fundstelle ebenso gut Lövenich zugeordnet werden kann. In Enzen wurden wiederholt römische Funde aufgedeckt. 1850 stieß man auf dem

Kirchhof auf einen Gang von etwa 5 m Länge und einen ummauerten Raum. 1898 entdeckte man an der gleichen Stelle einen unterirdischen Gang, der ebenfalls in diesen Raum führte. Man glaubte, hier »höchstwahrscheinlich« einen Wachtturm mit einem Fluchtweg gefunden zu haben.[21]

Bekannt geworden ist Enzen durch das 1663 aufgefundene sogenannte »Königsgrab« und einen weiteren Steinsarg, der 1811 freigelegt wurde. Ein 1977 in der Nähe der Enzener Kirche gefundener Sarkophag erzählt durch reiche Schmuckbeigaben von der Bestattung einer Frau im Jahre 356 n. Chr., die vielleicht Nonula hieß, denn dieser Name war auf einem kleinen Löffel eingraviert.

1980 entdeckte ein Schüler in der Gemarkung Enzen das Oberteil eines Matronenaltars am Rand eines Waldstücks in einem Lesesteinhaufen, auf den Bauern die Steine von den Äckern geworfen hatten. Dieser Weihestein ist wie folgt erklärt: »Der genaue Herkunftsort und weitere Fundzusammenhänge ließen sich nicht ermitteln. Die erhaltenen Maße betragen 24×28×18 cm. Die Patera zwischen den Pulvini, Baumdarstellungen auf den Schmalseiten sowie drei Zeilen der Schriftplatte sind gut erhalten: Matronis M(arcus) Chanari f(ilius) et Allo.«[22]

Auch Linzenich steht auf historischem Boden. An der dortigen Burg vermutet man ein römisches Kastell oder einen Wachtturm. Anfang des 19. Jahrhunderts wurden zwischen Linzenich und Lövenich auf dem »Kamp« am rechten Ufer des Rotbaches, der in der Nähe von Linzenich den Marienbach aufnimmt, römische Grundmauern und zwei Grabinschriften entdeckt. Im April 1890 stieß man in Linzenich bei Anlegung einer Sandgrube auf 30 Skelette, 25 römische Tongefäße, ein Schwert und fünf Glasgefäße. Die Sage weiß von einer bedeutenden Römerschlacht am Schievelsberg und der angrenzenden Schievelheide. Die beiden aus der Keltenzeit stammenden Dörfer Linzenich (Lentiniacum) und Lövenich (Lupiniacum) sind »Zwillingsdörfer«, getrennt durch den Rotbach.

In Lövenich erzählt die Volksüberlieferung, dass die nach Ost-West ausgerichtete Kirche ursprünglich ein Heidentempel war. Die »heidnische Cultusstätte« sei bei der Christianisierung in ein christliches Gotteshaus umgewandelt worden. Für eine frühe christliche »Römerkapelle« spricht das Patrozinium der römischen Jungfrau Agnes, die nach ihrem Märtyrertod im Jahre 304 große Verehrung bei den ersten Christen genoss.[23] Die kleine Kapelle war ein Fachwerkbau. Nach 1210, zur Zeit des seligen Priesters Joseph von Lövenich, wurde diese zu einer Steinkirche umgebaut und ein Mittelschiff, ein südliches Seitenschiff und ein Turm angebaut. Die ursprüngliche Kapelle blieb als nördliches Seitenschiff bestehen. Direkt an der Kirche errichtete sich der Priester eine kleine Zelle, um »allzeit bei dem heiligen Sacrament« wohnen zu können. Während einer Dürrezeit soll er eine Quelle aufgezeigt haben.

Im September 1873 stieß man bei der Abtragung des Friedhofs auf die Apsis der alten Kapelle, die eindeutig römisches Gussmauerwerk, römische Ziegeln und römische Bauart aufwies.[24] Da die Römer für ihre Tempel bereits bestehende Kultplätze übernahmen, wäre ein vorrömischer Kultplatz (Matronen?) in Lövenich nicht ausgeschlossen.

Sinzenich und Thum: Göttinnen und Heilige

Das Dorf Sinzenich (Sentiacum) liegt da, »wo der Rotbach das Wiesengelände nördlich der Eifel verlässt und sich dem fruchtbaren Ackerboden der Euskirchener Ebene zuwendet.«[25] 1805 war man bei Erdarbeiten für die Erweiterung der Papierfabrik Lützenkirchen am Rotbach auf einen Matronenaltar aus rotem Sandstein gestoßen. Der Grundstückseigentümer schenkte den Votivstein dem Bonner Provinzialmuseum. Der Stein hatte eine Höhe von 71 cm, eine Breite von 46 cm und eine Tiefe von 17 cm. Auf dem Rest des Giebels war eine Abbildung, die man als Tellerchen deuten konnte, auf das Opfergaben hingelegt werden konnten. Als Stifter war ein Gaius Fabronius Gallicanus »in ziemlich schlanken und wenig tief eingehauenen Schriftzügen eingeritzt.« Mit der üblichen Floskel VSLM gab er die Einlösung eines Gelübdes bekannt.

Der Name der Göttinnen lautet Matronae Tummaestae. Im Fundbericht von 1897 heißt es dazu: »Der Name der Matronen ist neu. Dass er einen topischen Charakter hat, wird wohl niemand nach dem Stande der Forschung über die Bedeutung der Matronennamen mehr in Zweifel ziehen, wenngleich es auch noch nicht hat gelingen wollen, für alle bis jetzt bekannten Beinamen den jedes Mal zu Grund liegenden Ortsnamen überzeugend nachzuweisen. Für den Ursprung dieses Namens mag es vielleicht nicht unnütz sein, an den in der Umgebung des Fundortes liegenden Ort Thum zu erinnern, an dem eine nach Zülpich führende Straße vorbeiging.«[26] Mündliche Überlieferungen berichten, dass einst die Tummaestae ihr Heiligtum an der Stelle der Thumer Dorfkirche hatten.

In Thum bei Nideggen (Kreis Düren) werden die drei heiligen Jungfrauen Fides, Spes und Caritas verehrt. Ihre Statuen stehen in der dortigen Kirche. Thum war ein beliebter Wallfahrtsort. Selbst weit aus der Eifel kamen die Menschen betend zu diesem alten Ort der Göttinnen und Heiligen, um dort Hilfe oder Heilung zu finden. Bis heute werden die drei heiligen Jungfrauen von kinderlosen Eheleuten um Kindersegen gebeten. Bei Kinderkrankheiten können sie genauso helfen wie bei Viehseuchen.

Reich ist der Legendenschatz von Thum. In einer Überlieferung wird die Entstehung des Drei-Jungfrauen-Kults wie folgt erzählt: »Einst herrschte in Thum und der ganzen Umgegend eine pestartige Krankheit unter dem Vieh. Da erschienen in Thum drei unbekannte Jungfrauen. Sie wanderten bis Ginnick zum ›Kruschen Boom‹ (krauser Baum) und kehrten wieder nach Thum zurück. Die Krankheit ließ nach. Woher die drei kamen und wohin sie sich später wandten, weiß man nicht. Da baute man zu Ehren der drei Jungfrauen in Thum eine Kapelle und stellte die Statuen am Altare auf.«[27]

Ein anderes Mal herrschte in Thum eine Seuche, an der viele Menschen starben. In der großen Not trug man die Statuen der drei Jungfrauen durchs Dorf. Von diesem Tag an ließ die Seuche nach. Zum Gedenken hat man bis vor Jahren einmal jährlich die Heiligenstatuen in einer Prozession durch das Dorf getragen. Auch Menschen von Nachbarsorten nahmen die Heilkräfte der Jungfrauen von Thum in Anspruch.

Wie am Beispiel Nettersheim und Zingsheim »Aufaniae und Fachinehae« aufgezeigt, fällt bei den tummaestischen Matronen die Silbe »tum« auf, die bei den im nahen Floisdorf verehrten Matronen Textumeis als zweite Silbe auftaucht. Auch hier kann diese Silbe auf ein angrenzendes, nachbarliches Schutzgebiet der Matronen hinweisen, das vielleicht ebenfalls mit Thum zu tun hat.

Floisdorf: Die südlich Wohnenden

Das Dorf Floisdorf gehört zur Stadt Mechernich. Von dem dortigen Tötschberg hat man einen weiten Blick über das ganze Zülpicher Land. Hier wurden zu unterschiedlichen Zeiten römische Funde und Relikte von Matronensteinen freigelegt. Heute ist der Tötschberg durch die Hubertuskapelle, die am 15. Mai 2005 eingeweiht wurde, ein besonderer Anziehungspunkt.[28]

Im Frühjahr 1856 wurden »nordwestlich des Dorfes Floisdorf und nur einige Minuten davon entfernt auf der nach Berg streichenden Höhe« (Osthang des Tötschbergs) mehrere Gräber aufgedeckt. Die Grabbeigaben wurden von den Findern beschädigt, darunter auch der Schmuck aus einem Frauengrab. Einen silbernen Halsreifen hatten vier Arbeiter unter sich aufgeteilt. Wie eine Rekonstruktion ergab, bestand die Kette aus mehreren silbernen Stäbchen, die miteinander verbunden waren: »Die einzelnen Stäbchen sind so gebildet, dass von einem in der Mitte befindlichen rautenförmigen Knotenpunkt nach beiden Seiten hin zwei Drähte auslaufen, von denen der eine um den andern gedreht wurde und die sich an beiden Seiten zu einem Auge vereinten.«[29] In der Nähe des Handgelenks des Skeletts lagen Perlen und Korallen aus Ton, die auf einen Armschmuck schließen ließen.

Die Gräber waren aus großen Sandsteinplatten zusammengesetzt. Eine solche Platte (81 cm hoch, 58 cm breit, 12 cm dick) war ein Inschriftenstein, der eine Weihung an die Textumehischen Matronen enthielt. Die Schrift zeigte zum Grabesinneren. Drei Stifternamen mit gemeinsamen Familiennamen, vielleicht Geschwister, waren genannt: Tertinius Similis, Tertinius Secundus, Tertinia Lella. Die beiden Seitenflächen waren je mit einem Lorbeerzweig geziert.

Reste eines Weihesteins an diese Göttinnen fand man wie bereits erwähnt in Zülpich. Einen anderen Stein der gleichen Göttinnen entdeckte man 1850 in einem Grab in Soller »auf dem sogenannten Dinsel«. Auf der linken Schmalseite war ein dreibeiniges Tischchen eingemeißelt, auf dem eine schlanke einhenklige Kanne stand, darüber undeutliche Früchte oder Blumen. Der Matronename Textumehae ist germanisch und auch ihm wird die Stellenbezeichnung einer Siedlung zugrunde gelegt. Die textumehischen Matronen werden als Göttinnen gesehen, die »die südlich Wohnenden« beschützten, also die Menschen die südlich von Zülpich oder aber südöstlich von Thum angesiedelt waren. Wenn man einmal intensiv in die Silben »Text« von Textumehae und »Tötsch« von Tötschberg hinlauscht, findet man durchaus eine klangliche Ähnlichkeit.

An der gleichen Stelle am Tötschberg bei Floisdorf wurde wenig später ein weiterer Matronenstein freigelegt. Die Schrift war verwittert. Man ergänzte wie folgt: Matronis Abiamar C. Julia Procula SLM. Der Altertumsforscher Eick sah in dem Matronenbeinamen einen Bezug zur Achemer Mühle zwischen Floisdorf und Bürvenich.[30] 1944 stieß man westlich des Tötschbergs, nördlich des Dorfes Berg, beim Ausheben von Schützengräben auf einen fränkischen Bestattungsplatz. Nachgrabungen im Jahr 1947 legten elf Gräber frei. Bei einem Grab fand sich das Bruchstück eines Matronensteins, auf dem eine Opferszene mit zwei Personen vor einem Altar dargestellt ist.[31]

1950 wurde am östlichen Abhang des Tötschbergs beim Pflügen ein Steinplattengrab angeschnitten und entfernt. Ein Hinweis auf einen Matronenstein fand sich nicht.[32]

1991 wurde erneut in Floisdorf gegraben: »Aufgrund einer Raubgrabung, die dem Fachamt aus dem Ortsteil Floisdorf bekannt geworden war, wurde ein fränkisches Gräberfeld zwischen Floisdorf und Schwerfen am Irnicher Berg eingemessen. Auf dem ersten Planum des Plattengrabes lagen die teilweise zerbrochenen Teile von ursprünglich vier Abdeckplatten aus Buntsandsteinen, die von den Raubgräbern zurückgebracht worden waren. Darunter kam das ausgeräumte Grab zum Vorschein.« Matronensteine fand man nicht; ob Weihesteine jedoch vorher bei Seite geschafft wurden, blieb unklar.

Am sogenannten »Jufferpötzche« (Juffernbrunnen) an der Berger Burg, am Fuße des Tötschbergs, geistern nachts die Juffern. Oftmals wuschen sie dort ihre Kleidung. Ein weißes Tuch »zoppten« sie immer wieder ins Wasser. Selbst der Pfarrer des Ortes, der den Glauben an die Juffern niederhalten wollte, sah schließlich die Juffern und musste zugeben, dass die Frauen am Jufferpötzche bei Floisdorf ihr angestammtes Matronen-Zuhause haben und hier augenscheinlich ihr Element Wasser nutzen und hüten.[33]

Merzenich: Die chuchenehischen Matronen

Der Name Merzenich weist in die gallo-römische Zeit. Es stammt von Marciniacum = Gutshof des Marcinius. In Merzenich, das sich einen Namen durch seine schönen Obstwiesen gemacht hat, fand man 1910 zwei Weiheinschriften an die chuchenehischen Matronen. Die Fundstelle liegt am nordöstlichen Ortsrand von Merzenich in der Nähe der alten Römerstraße.

Einmal handelt es sich um eine vollständig erhaltene rechteckige Platte mit einer Inschrift, nach der Tutus Verancius Amandus ein den Göttinnen gegebenes Gelübde einlöste. Ein weiterer Fund bestand aus drei Bruchstücken einer rechteckigen Platte.

Der Name Chuchenehis, der in unterschiedlichen Schreibungen vorkommt, ist nicht eindeutig zu übersetzen. Als Sinnname fand man das germanische Wort hauha=hoch, wonach diese Matronen die »Hochmögenden« wären.

Quellenangaben

1 Max Ihm: Der Mütter- oder Matronenkultus und seine Denkmäler. In: BJ 83, 1897, S. 1–200

2 Oberpfarrer H. Nagelschmitt: Zülpich unter römischer Herrschaft, Vortrag vom 22.10.1844. In: BJ 44, 1885, S. 131

3 Eick: Die römische Wasserleitung aus der Eifel nach Köln, Bonn 1867, S. 98, Anmerkung

4 Oberpfarrer Heinrich Nagelschmitt: Zülpich unter römischer Herrschaft. In: Zülpicher Zeitung vom 28. 01.1909

5 Oberpfarrer Heinrich Nagelschmitt: Zülpich unter römischer Herrschaft, S. 12. In: P. Simons: Zur Geschichte der Stadt Zülpich

6 Waldemar Haberey: Spätrömische und frühmittelalterliche Gräber an der Römerallee in Zülpich. In: BJ 157, 1957, S. 309

7 Oberpfarrer Heinrich Nagelschmitt: Zülpich unter römischer Herrschaft. In: Zülpicher Zeitung vom 5.12.1908, S. 20

8 Sophie Lange: Wohin mit »unnützen« Witwen und »überzähligen« Töchtern. In: Kreis Euskirchen Jahrbuch 1990, S. 102

9 Josef Klinkenberg: Zwei Matronensteine aus Hoven bei Zülpich. In: BJ 89, 1890, S. 231

10 Josef Klinkenberg: Zwei Matronensteine aus Zülpich – Hoven. In: Bonner Jahrbuch 89 /1890, S. 232
vgl. Franz Cramer: Von Matronen und Weihedenkmälern, Welda 1933

11 Dr. Klinkenberg: Weiheinschrift aus Hoven bei Zülpich. In:BJ 87, 1889, S. 913

12 BJ 22/1855, S. 13§
vgl. Max Ihm: BJ 1887, Nr. 254

13 Günter Neumann: Die germanischen Matronen-Beinamen. In: Matronen und verwandte Gottheiten, Köln 1987, S. 109/110

14 Henßen a. a. O. Die drei Juffern in der Juntersdorfer Burg
1. Henßen a. a. O.: S. 144, Nr. 248 a
2. Henßen a. a. O.: S. 144, Nr. 248 a
3. Henßen a. a. O.: S. 144, Nr. 248 a
4. Henßen a. a. O.: S. 145 Nr. 248 b
5. Henßen a. a. O.: S. 145, Nr. 248 c
6. Henßen a. a. O.: S. 145, Nr. 248

15 J. Freudenberg: Neue Matronensteine und andere Inschriften, in: BJ 33/34, 1863, S. 192

16 J. Freudenberg: Neue Matronensteine und andere Inschriften. In: BJ 1863 / 33/34 S. 192

17 a.a.O. Freudenberg; BJ 1863, S. 192

18 a.a.O. Freudenberg, BJ 1863, S. 192

19 Professor Hürten in Münstereifel: Die Matronenverehrung in der Eifel zur Zeit der Kelten. In: Eifelvereinsblatt Februar 1917, S. 22

20 Peter Simons. Rövenich, Geschichte der Zivil- und Pfarrgemeinde. In: Unsere Heimat, Beilage zum Euskirchener Volksblatt, 1.8.1929, S. 83

21 Josef Pohl: Röm. Matronenstein zu Enzen, BJ IVII, 1876, S. 88 ff.

22 Ausgrabungen und Funde. In: BJ 184, 1984, S. 626

23 F.J. Habitz: Lövenich. In: Unsere Heimat im Wandel der Zeiten, 11.2.1962

24 Pfarrer Johann Peter Zaun: Geschichte der Pfarre Lövenich bei Zülpich sowie der Burgen Linzenich, Lövenich und Dürfenthal, Köln 1895, S. 104

25 Robert Maercks. Die Herrschaft Sinzenich. In: Sinzenich-Sentiacum, 1990, S. 60

26 Klein: Matronenstein aus Sinzenich. In: BJ 101, 1897, S. 184

27 Gottfried Henßen: Sagen, Märchen und Schwänke des Jülicher Landes, Bonn 1955, Nr. 298 f.

28 A. Eick: Matronensteine aus Zülpich und Floisdorf. In: BJ 23, 1856, S. 73

29 Eick: Neue Inschriften aus Floisdorf und Zingsheim. In: BJ 24, 1857, S. 33, BJ 149, 1949, S. 354

30 Habery: Floisdorf. In: BJ 150, 1950, S. 157

31 P. Tutlies: Fränkische Zeit, Mechernich, Kreis Euskirchen. In: BJ 192, 1992, S. 403

32 Alfred Wolter: Römerstraßen im Kreis Euskirchen. In: Kreis Euskirchen Jahrbuch 1975, S. 42

33 vgl. Alfred Wolter: Römerstraßen im Kreis Euskirchen. In: Kreis Euskirchen Jahrbuch, 1975, S. 33–66

Pesch/Nöthen und das Vacalli-Gebiet

Ich kann mich noch gut an meinen ersten Besuch im Heidentempel Pesch erinnern, obwohl es schon eine halbe Ewigkeit her ist. Es war ein milder Herbsttag. Vom Waldparkplatz hinter dem Dorf Pesch war ich durch den Wald hoch gekeucht. Der untere Teil des Weges war feucht, das Gebiet dort sumpfig. Es roch modrig. In der kleinen Schlucht sah ich einen Wildschweinkadaver. Verwesungsgeruch hing in der Luft. Doch je höher ich kam, desto klarer und frischer wurde die Luft, desto trockener und heller wurde der Weg. Mir fielen dreistämmige Bäume auf (die später abgeschlagen wurden), wohl schon als Ankündigung für die göttliche Dreiheit, die mich im Tempel erwartete. Diese dreistämmigen Bäume werden gerne als Hinweis auf die himmlische, erdverbundene Ausstrahlung eines archaischen Platzes gesehen.

Der Tempel war von einer mystischen Stille umgeben. Nur welke Blätter raschelten unter meinen Füßen. Ich trat behutsam auf, um die Stille nicht zu unterbrechen, blieb immer wieder stehen, nahm die Stille wahr und schritt dann bedächtig weiter. Ich hatte das Empfinden, in eine andere Welt einzutauchen, in eine längst vergangene und vergessene Zeit. Das ganze Areal atmete Geschichte, vermittelte ein antikes Lebensgefühl. Wie viele Menschen mögen hier mit ihren Sehnsüchten und Wünschen zu den Göttinnen gepilgert sein? Sie haben Opfer gebracht, Weihesteine aufgestellt, Gebete gesprochen, Verbindung zur Anderswelt aufgenommen. Die Grenzen zwischen Diesseits und Jenseits sind durchlässig an alten Kultplätzen.

Es war mein erster Besuch von unzähligen Besuchen, von wundervollen Stunden dort, obwohl manchmal die »Ruinen« bei mir auch Wehmut und Schwermut auslösten, Trauer über die Zerstörung des Tempels, über den Niedergang einer ganzen Kultur, über den Unfrieden in der Welt, einstmals, heute und zu allen Zeiten. Der Heidentempel hatte mich nicht nur emotional berührt, sondern auch mein geschichtliches Interesse geweckt. So las und studierte ich in Zukunft alles, was je über den Tempel

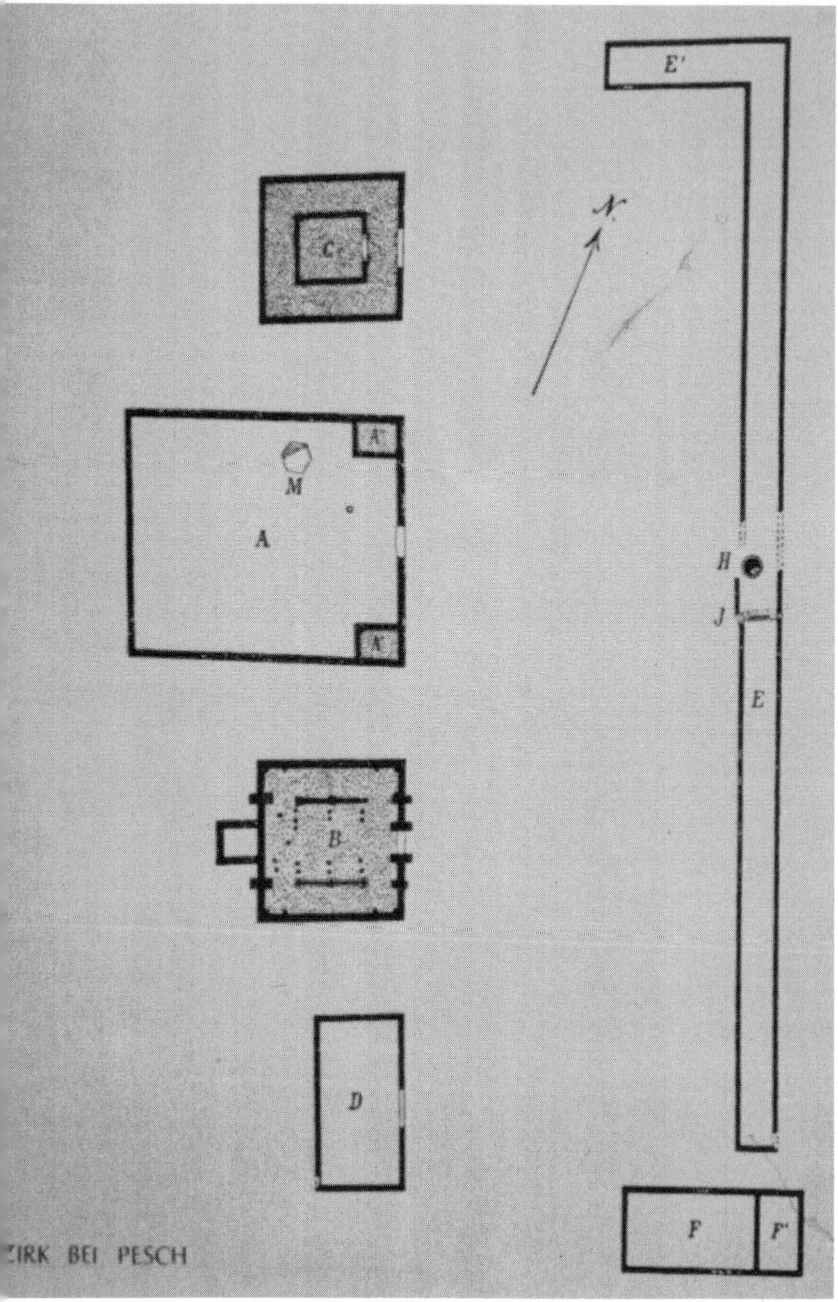

Grundriss des Heidentempels Pesch

geschrieben worden war, kaufte Bücher über Kelten und Römer, durchwühlte die Bonner Jahrbücher und alles, was das Archiv in der Kreisverwaltung Euskirchen und die Eifelvereinsbibliothek in Mayen hergab; ich kopierte massenhaft und machte mir viele Notizen. Ein prall gefüllter Ordner ist es im Laufe der Jahre alleine von Pesch geworden.

Der Tempelbezirk

Der »Heidentempel« auf dem »Addig« zwischen Nöthen und Pesch ist ein beliebtes Ziel von Wanderern und Bildungstouristen, aber auch von Naturfreunden und Menschen, die auf der Suche nach starken Plätzen sind. Der Besucherstrom setzte bereits zur Zeit der Ausgrabung von 1913 bis 1918 ein und hat bis heute nicht nachgelassen. Beeindruckend sind nicht nur die landschaftliche Lage und die Atmosphäre des baumbestandenen Hains auf dem »Addig«, sondern auch die Baureste, welche die Pracht der einstigen Tempel vorstellbar machen. »Ein kleines Pompeji in den Eifelbergen!«[1] schwärmte der aus Münstereifel stammende und später in Münster lebende Matronenforscher Dr. Franz Cramer (1860–1923), als er 1923 mit »Freund Hürten« (Karl Hürten 1856–1925) aus Münstereifel die Anlage besuchte. Beide haben sich intensiv mit dem Matronenkult beschäftigt. Besonders Franz Cramer hat viele Berichte über den Kult der göttlichen Frauen geschrieben. (Einige sind bei den »Quellenangaben« zu finden.)

Der Addig liegt in der Mitte von vier Kuppen: Dem Bosset (393 m) im Norden, dem Hondert (488 m) im Süden, dem Kronert (437 m) im Nordwesten und dem Steinbüchel (455 m) im Osten. Während die Anhöhe des Addigs nach Nordosten sanft in das Hornbachtal übergeht, fällt sie nach Westen steil ab. Wenn das Gebiet auf dem Addig nicht bewaldet wäre, was zur Zeit der Tempelnutzung durchaus der Fall gewesen sein kann, so hätte man hier genauso einen Panoramablick wie von dem Platz der Tempelanlage in Nettersheim.

Das Wort »Addig« ist in alten Schriften Arderich, Adicht oder Ardig geschrieben. Schließlich wurde daraus Adig oder

Addig. Folgende Deutung fand man: »Aderich« übersetzt man mit Be- und Entwässerungsrohre von gebranntem Ton aus römischer Zeit.[2] Auch eine Ableitung von aquaeductus (Wasserleitung) hält man für möglich. Von esoterischer Seite wird die Übersetzung »unterirdische Wasseradern« favorisiert. Sicher ist auf jeden Fall, dass das Wort »Addig« mit Wasser zu tun hat.

Wie die Görresburg in Nettersheim so liegt auch der Addig in einem Delta. Wespelbach und Hornbach vereinen sich am Parkplatz Hornbachtal und fließen als Eschweiler Bach in nordöstliche Richtung, bis der Bach sich bei Iversheim mit der Erft vereinigt. 200 m südöstlich der Tempelanlage führte die alte Römerstraße nach Köln vorbei. Gebäudespuren einer »villa rustica« deuten auf eine frühe Besiedlung der Umgebung des Addigs hin. Spätrömische Grabstätten entdeckte man 1908 auf dem Hügel »Kronert«. Umstellt waren die steinernen Särge mit großen Sand- und Kalksteinplatten, die aus zertrümmerten älteren Grabdenkmälern und Altären hergestellt waren. Eine Grabplatte war Agramiano geweiht, anscheinend ein lokaler Schutzgott. Andere Steinbrocken zeigten stark verwitterte Portraitdarstellungen und Inschriften. 1982 wurde am Hirnberg bei Nöthen ein Steinplattengrab freigelegt. Skulpturen oder Schriftreste ließen sich hier jedoch nicht erkennen.[3]

Heidepützchen

Bei der Ausgrabung zur Zeit des Ersten Weltkrieges wurde die Verehrungsstätte auf dem Addig »Heidentempel Pesch« benannt, obwohl die Anlage auf Gilsdorfer Gebiet lag, jedoch näher am Dorf Pesch. Heute gehört das Gelände zu Noethen und damit zum Stadtgebiet von Bad Münstereifel. Der Ort Pesch gehört zur Gemeinde Nettersheim. Die Bezeichnung »Pescher Heidentempel« ist noch allgemein üblich, die Bezeichnung »Matronentempel Nöthen/Pesch« setzt sich aber immer mehr durch, obwohl auch diese Bezeichnung nicht korrekt ist, wie wir noch sehen werden.

In der Volksüberlieferung hatten sich die Namen »Heidepützchen« und »Heidenpützchen« (Pütz = Brunnen, Quelle) erhalten, und so waren die römischen Spuren durchaus bekannt. Es muss von Raubgrabungen »egoistischer Privatsammler« und »gewissenloser Kunsthändler« lange vor der offiziellen Ausgrabung ausgegangen werden. Lehner spricht im Ausgrabungsbericht die Hoffnung aus, dass »dieser Geschäftsarchäologie, welche gerade damals in der Rheinprovinz eine immer unerträglichere Ausdehnung annahm und umso widerwärtiger war, je mehr sie sich mit einem idealen Mäntelchen drapierte, nun hoffentlich für alle Zeit durch das Ausgrabungsgesetz vom 26. März 1914 der Garaus gemacht wird.«[4]

Schriftlich wurde erstmals 1882 über Funde berichtet: »Zwischen Gilsdorf und Pesch, auf der Ostseite des Eschweilerbachs und der Südseite des Hornbachs, Distrikt »Am Heidepützchen«, sind vor sechs bis sieben Jahren unterirdische Gewölbe, Sandsteinplatten mit eingehauenen Figuren von Götzen(?) und ein teilweise verschütteter Brunnen entdeckt worden. Die Sandsteinplatten – von Herrn Lehrer Parsch zu Noethen gesehen – haben später als Baumaterial Verwendung gefunden. Das Ganze lag auf der Spitze des Berges »Heidepützchen«. Der Brunnen und die Ruinen waren längst bekannt.«[5]

Eine nächste Meldung ist 1895 unter den Anfangsbuchstaben J. F. veröffentlicht. Bei diesen Abkürzungen handelt es sich wahrscheinlich um den Geistlichen Jacob Fey, der von 1892 bis 1897 Pfarrer in Frohngau war. Die Meldung lautet: »Bei einer mit dem Pfarrer Franken von Pesch auf dem Kirchenstück ›am Heidenpütz‹ (Heidentempel) vorgenommenen Grabung haben wir noch einen Raum vollständig erhalten gefunden, im nahen Walde aber viele Steine mit schönen Profilen in weißem und rotem Sandstein, auch noch ein Stück Inschrift, größer, aber nicht so gut erhalten, wie das, was ich im vorigen Jahr fand.«[6]

1912 entdeckten Direktor Dr. Peter Meyer des Sankt Michael Gymnasiums in Münstereifel (1853–1935) und der bereits genannte Karl Hürten, der Geschichtsschreiber von Münstereifel, unweit von Pesch ein Frankengrab. Die beiden Herren leiteten in Münstereifel »eine Ära der Altertumsforschung höchster Stufe«[7] ein, wie es in einem Zeitungsbericht von 1959 heißt. Das

Frankengrab trug als Abdeckung einen gut erhaltenen Matronenstein. Von dem archäologisch interessierten Gastwirt Mauel aus Pesch erfuhren sie daraufhin, dass im Distrikt Heidenpütz ähnliche Steine in größerer Zahl zu finden seien. Hier hatte allerdings schon ein Herr Junkermann aus Köln tüchtig »gebuddelt« und einige Altertümer gefunden, darunter mehrere Matronenköpfchen, Blumenkörbchen, ein Votivaltärchen und eine Concha (Muschelschale), in deren Nische die Gottheiten standen. Diese historischen Stücke wurden in der Pescher Gastwirtschaft ausgestellt und kamen später ins Landesmuseum Bonn.

Raubgrabungen

Gefunden hatte der Kölner auch »zwei Steine mit Hakenkreuzen, dem germanischen »Fyrfos«. Dieses Heilszeichen, im Indischen »Swastika« genannt, ist seit 6.000 Jahren bekannt. Im keltisch-germanischen Kulturkreis stand es für den Lauf der Sonne und für den ewigen Kreislauf im Leben und in der Natur. Leider wurde diese wertvolle Seltenheit direkt nach Köln gebracht, verschwand dort auf dunklen Wegen und war so für eine wissenschaftliche Untersuchung nicht greifbar. Gerade diese Darstellung hätte über kultische Handlungen Auskunft geben können.

In dem genannten Zeitungsartikel ist zu lesen, dass der damalige Pfarrer Kramer aus Eschweiler in einem Brief an Professor Hürten auf die »Raubgrabungen« aufmerksam machte: »Es wird, wie ich mich neulich selbst überzeugte, mächtig gewühlt [im Heidentempel]. Wenn der Kölner wühlt, warum kann das Museum nicht bald mit den Ausgrabungen beginnen? Könnten Sie nicht das Weitere veranlassen, der hohen Wissenschaft zum Dienste?«[8] Besonders setzten sich der Regierungspräsident von Aachen und der Landrat des Kreises Schleiden, Herr Pastor, für die Ausgrabung ein. Der Kreis Schleiden kaufte das betreffende Gebiet, so dass die Voraussetzungen für eine Ausgrabung gegeben waren. Im April 1913 wurde mit ersten Untersuchungen und nachfolgenden Ausgrabungen der Tempelanlage begonnen.

Grabungsleiter waren abwechselnd Dr. Hans Lehner, Josef Hagen und Dr. Oelmann vom Provinzialmuseum Bonn. Im Frühjahr 1918 wurden die Ausgrabungen abgeschlossen.

In Pesch wurden zahlreiche Belege der Vergangenheit aus der »Jahrhunderte langen Haft« befreit, so zum Beispiel unterschiedliche Gegenstände aus Metall, Bronze, Eisen, Blei, Glas, Sigilata, Weißkeramik sowie über 60 Münzen. An rauwandigem Geschirr wurden Töpfe, Schüsseln, Teller, Krüge und Kannen sichergestellt. An Architekturresten legten die Archäologen Bruchstücke und Basen toskanischer Säulen, Kapitellreste und Gesimsstücke frei. Weiter fand man eine in viele Stücke zerschlagene Jupiterstatue, ein Fragment einer Baumdarstellung mit Schlange und ein stark beschädigtes Weiherelief an Kybele, der Mater Magna der vorderasiatischen Mysterienkulte. Mehrere große Bruchstücke wiesen auf Freiskulpturen hin: Sandsteinfigur eines Adlers, Lorbeerkranz (beide wahrscheinlich zu Jupiter gehörend), Füllhorn und ein Delphin sowie Reste von lebensgroßen Statuen, die man einer Freigruppe der Matronen zuordnete. Den größten Teil des Fundmaterials machten jedoch Bruchstücke von Weihesteinen aus. 254 Belege sind insgesamt den Matronensteinen zuzuordnen, die größte Dichte von Matronenfundmaterial an einer einzigen Stelle.[9]

Weihungen

Die Weihungen nennen die Matronae Vacallinehae, so dass als sicher gelten kann, dass der Tempel diesen Göttinnen lange Zeit hindurch geweiht war, wenn auch gleichzeitig oder später andere Gottheiten (Kybele, Jupiter) hier ihren Platz fanden. Die Weihedenkmäler wurden zwischen 150 und 250 n. Ch. in dem Heiligtum aufgestellt, also zu der Zeit, in der die Steinsetzung allgemein in Mode war. Alle Funde zeigen, dass die Tempelbauten nicht wie in Nettersheim im Laufe der Jahrhunderte verfallen sind, sondern gewaltsam zerstört wurden.

Die Matronendarstellungen und die Attribute haben die bekannte Form: Gemeinsam sitzen die Dreiergöttinnen auf einer Bank. Zwei Matronen beschirmen eine jugendliche Göttin in

Tempelanlage Pesch (Nöthen)

ihrer Mitte. Äpfel und Birnen, aber auch Schweinsköpfchen sind häufige Opfergaben. Baumdarstellungen weisen auf die Bedeutung des Lebensbaums und auf die Herkunft des Matronenkults aus den Naturreligionen hin. Auch die Stiftungen sind in der üblichen Art abgefasst. Circa 60 Stifternamen konnten aufgeschlüsselt werden. Die Dedikanten sind keine Legionäre oder Beneficiarier wie in Nettersheim, sondern »Bauern aus der Umgegend, vermutlich alle oder die meisten aus dem zugehörigen Vicus stammend«.[10] Einige Altarsteine sind von Frauen mit folgenden wohlklingenden Namen gestiftet: Flaccinia Lefa, Attilia Amada, Cornelia Justina, Rumilia Junia, Lella, Amma, Priga und Aiva. Die Namen sind teils keltisch, teils germanisch und teils römisch. So trägt Flaccinia Lefa sowohl einen römischen (Flaccinia) als auch einen einheimischen, germanischen oder keltischen Namen (Lefa). Sie hatte den Stein auf Geheiß der Göttinnen gesetzt, die ihr die Anweisung in einer Trance oder in einem

Traum gegeben haben mag. Liest man das Wort Lefa von hinten nach vorne, wie die Kelten gerne Namen kodierten, bekommt man Afel, die alte Bezeichnung für die Eifel. Ein Abguss dieses kleinen Weihealtars ist inzwischen im Kulthof des Matronentempels aufgestellt.

Vom Baumheiligtum zur Prachtanlage

Bei der Freilegung des Heidentempels auf dem Addig stellten die Archäologen drei Bauperioden fest, die Hans Lehner in seinem Ausgrabungsbericht von 1919 ausführlich beschrieben hat.[11] Sicher war man sich, dass vor den steinernen Bauten hier ein göttlicher Baum, wahrscheinlich eine Eiche, in einem heiligen Hain als Zeichen der Götter verehrt wurde (s. unten unter Kulthof).

Lehner legte die erste Bauphase auf ca. 130 unserer Zeitrechnung fest. 100 Jahre später wurde die Anlage erweitert, bis dann alle Bauten abgerissen und um 330 der ganze Kultplatz planiert und eine neue »Prachtanlage« gebaut wurde. Inzwischen zweifeln Archäologen diese Datierungen zwar an, doch erst großräumige Grabungen könnten exakte Klärung bringen. Wir wollen hier zumindest für die letzte Bauphase bei Lehners Untersuchungen bleiben, wenn die Datierung «um 330 n. Chr.« auch nur an einer einzigen Münze Constantins II. (Regierungszeit 337–340 n. Chr.) festgemacht ist. Diese wurde in der Stickung des Fundamentes der Basilika gefunden. Die Fundumstände sind aber – laut Biller – nicht absolut sicher geklärt. Durch den Neubau des groß angelegten Tempelbezirks erlebte die bisher eher bäuerlich-ländliche Kultstätte eine Blütezeit. Als Anlass wird für möglich gehalten, »dass im zweiten Viertel des vierten Jahrhunderts Verehrer der alten Götter aus den Städten aufs Land flüchteten, um dort ihr von den Vätern übernommenen Bräuche ungehindert ausüben zu können.«[12]

Die dritte Bauphase schuf den Tempelbezirk, wie er sich heute in seinen Grundmauern präsentiert. Voller Enthusiasmus schrieb Lehner: »Die jüngste Bauperiode des Tempelbezirks stellt offenbar dessen Glanzperiode dar. Eine prunkvolle Anlage breitet sich nunmehr auf dem alten geweihten Raum aus, die mit den Resten aus älteren Bauten gründlich aufgeräumt hat. Die ganze Baugruppe ist offenbar nach einheitlichem Plan aus einem Guss entstanden und ist eine mit großem Luxus hergestellte Prachtanlage gewesen.« Aus der Größe und Pracht der Tempelanlage mit kunstvollen Säulen lässt sich schließen, dass keine kleinen Bauern aus den umliegenden Siedlungen die Bauherren waren, sondern dass gut situierte, finanzstarke Menschen – oder Gemeinschaften – hinter dem Bau standen, der sowohl als Heiligtum als auch als Forum dienen konnte. Auch lässt die Großzügigkeit des Tempelbereichs auf einen Wallfahrtsort schließen, zu dem Menschen von nah und fern pilgerten. Die Frage, wieso der Tempel sich zum Wallfahrtsort entwickelte, bleibt allerdings unbeantwortet. War er Ersatz für einen anderen stillgelegten Wallfahrtsort, zum Beispiel auf dem Michelsberg bei Münstereifel? Waren hier Heilungen geschehen oder hatte ein »Wunder« den Menschenstrom angelockt?

Die Prachtanlage bestand aus vier Gebäuden, errichtet in gleichen Abständen und in »schnurgerader Fluchtlinie«: Eine quadratische Cella, ein offener Hof, eine Basilika und ein Fachwerkhaus (letzteres nicht rekonstruiert). An der Südostecke war der antike Eingang, also an der entgegengesetzten Stelle des heutigen Zugangs. Dort stand ein Haus, das aus einem kleinen und einem größeren Raum bestand. Wahrscheinlich wohnte hier die Tempelhüterin oder die Priesterin. Im Schutt des großen Raums fand man zwei kleine Weihesteine, darunter das bereits genannte Altärchen von Flaccinia Lefa. Der andere Stein war von Albanus Veneni filius et Priga den Vacallinehis Leudanis als Dank gestiftet worden. Eine 120 m lange und 3 m breite Wandelhalle an der Ostseite und teilweise an der Nordseite schloss den Tempelbezirk ab. Heute ist diese Wandelhalle zum Teil durch eine Buchenhecke erkennbar gemacht. In diese Wandelhalle war der Brunnen eingegliedert.

Brunnen – kreisrunde Zisterne

Wenn die Menschen früher zu den Göttinnen auf dem Addig pilgerten, werden sie durch den antiken Eingang, vorbei an dem Tempelwärterhäuschen in den aus Holz angefertigten Porticus eingetreten und bis zum Brunnen gegangen sein. Hier werden sie sich einer rituellen Reinigung unterzogen und sich mit nassen Zweigen gegenseitig besprengt haben. Sicher haben sie das Wasser als Heilwasser getrunken. Fast wie in einem späteren Kurbad sind die Menschen trinkend durch die Wandelhalle flaniert. Möglicherweise haben sie auch schon erste Rituale am Brunnen ausgeführt, getanzt, gesungen, gebetet. Sicher konnte man hier bei einigen Händlern Devotionalien erwerben, zum Beispiel kleine Hausmatronen für den Altar zu Hause. Später haben die Pilger das nötige Wasser für den Kultus in Krüge gefüllt und sich andächtig den einzelnen Räumen genähert.

Wenn wir heute einen Rundgang durch den Tempelbezirk machen wollen, sollten wir diesen ebenfalls am Brunnen beginnen. Von hier aus können wir die ganze Anlage übersehen und uns mental auf jeden einzelnen Raum einstellen. Wir sollten uns etwas Zeit nehmen, um den genius loci, den Geist des Ortes, zu spüren. Nach diesem »Ankommen« am Brunnen gehen wir über den Vorhof zu dem Umgangstempel rechts, dann zum Kulthof und schließlich zur Basilika. Beenden sollten wir den Rundgang wieder am Brunnen.

Der Brunnen liegt an der tiefsten Stelle des ganzen bebauten Terrains, fast genau der höchsten Stelle des Kulthofs gegenüber. Hier im Brunnen konnte sich also Tagwasser und Grundwasser sammeln. Der Brunnen ist wohl das älteste Bauwerk, das vom Tempelbezirk sichtbar erhalten geblieben ist und ist aus allen Bauphasen nachweisbar. Die Wasserquelle lag zunächst außerhalb des heiligen Bezirks und wurde erst bei der letzten Bauphase in den Tempelbezirk integriert. Die runde Zisterne hat einen Durchmesser von 1,50 Meter. Die ganze Tiefe vom Rand bis zum gewachsenen Felsen beträgt 16,50 Meter.

Bei der Ausgrabung entleerte man den Brunnen mit »sehr ausgiebiger Pumparbeit«.[13] (Auch heute ist es mühsam, den

Brunnen zu reinigen, der allzu gerne als Abfalleimer benutzt wird.) Bei der Ausgrabung wurden zahlreiche »unwesentliche« Reste von Altären, Skulptur- und Architekturstücken geborgen, die alle stark verwittert waren. Auch fand man zahlreiche bearbeitete Holzreste, die offenbar von dem Oberbau und der Hebevorrichtung des Brunnens stammten. Bohlen, Bretter, Baumäste aus Buchen- oder Eichenholz und ein bearbeiteter Baumstamm wurden aus der Tiefe hervorgeholt.

Der Volksmund weiß zu erzählen, dass in der Christnacht, der angelsächsischen Mütternacht, um Mitternacht im tiefen Heidenpütz ein Glöcklein läutet. Diese Überlieferung, 1882 aufgeschrieben, zeigt eine Verbindung zu irischen Sagen, in denen in der Christnacht Glocken von selbst beginnen zu läuten und Heilung versprechen (Die Glocke von Innisfare). Auch erzählt man, dass »op Chres«, zu Weihnachten, am Heidenpützchen ein Goldfeuer brennt. Tief im Brunnen soll ein goldener Wagen liegen, den aber niemand hinausholen kann.[14]

Umgangstempel

Wenn wir heute den heiligen Hain auf dem vorgeschriebenen Weg betreten, erreichen wir als erste die quadratische Cella, die allgemein als Matronenheiligtum bezeichnet wird. Es besteht aus einer Umfassungsmauer und der kleineren quadratischen Cella. Der östliche Eingang war einst von Halbsäulen flankiert. Heute stehen zwei Matronensteine an den Seiten des Eingangs. Der eine Stein stammt aus dem Tempel von Nettersheim, wurde 1909 dort gefunden und 1976 als Kopie im Pescher Tempel aufgestellt (Deabus Aufanis von Marcus Aurelius Agripinus gestiftet). Man wählte diesen ortsfremden Altar, weil man bis dato keinen unbeschädigten Altar der vaccalinehischen Matronen gefunden hatte. Das änderte sich jedoch, als man unterhalb des Altars der Weyerer Kirche auf einen gut erhaltenen vaccalinehischen Matronenstein stieß (s. unten bei Weyer). So wurde 1991 eine Kopie dieses Votivsteins im »Heidentempel« aufgestellt. Die »Bemalung« des Altars ist neueren Datums. Es gibt zwar Hinweise, dass die Matronensteine farbig waren, aber ein genaues Farbbild ist

Umgangstempel in der Tempelanlage

nicht nachzuweisen. Nur bei den Inschriften kann man ziemlich sicher von einer roten Beschriftung ausgehen.

Dieser mit einem Dach abgeschlossene Umgangstempel an der Stelle eines vorherigen kleineren Tempelraums war bei der letzten Bauphase in der jetzigen Quadratform vergrößert worden. Bei der Ausgrabung zeigten sich Reste von rot-schwarzem Innenverputz. Der Boden war mit einer Mörtelschicht bedeckt. Die mächtige Steinschwelle, die den Zugang zum Innenraum markiert, misst eine Breite von 3,60 m. Hier wird die Bedeutung der Schwelle als Prüfung und Übergang deutlich.

Die Cella innerhalb eines Umgangstempels musste mehrmals feierlich umschritten werden, sowohl der äußere als auch der innere überdachte Umgang. Das Umschreiten eines Heiligtums ist auch von alten christlichen Wallfahrtskirchen bekannt. Erst nach diesem meditativen Rundgang darf man sich dem wahren Heiligtum nähern. Dieser abschließbare Innenraum wurde sicher nur bei besonderen Feierlichkeiten, Ritualen und Initiationsriten geöffnet, denn die Grenze zwischen Profanem und Göttlichem durften wahrscheinlich nur ausgewählte Personen nach einer rituellen Reinigung – ohne Schwellenangst – überschreiten. Auch heute wird das Innere dieser Cella als heiliger Ort angesehen.

Da man bei der Freilegung auch Bruchstücke einer stattlichen Matronenfigur und eine große Haube fand, geht man davon aus, dass in der Mitte der Cella als Mittelpunkt ein prachtvolles Kultbild der Göttinnen stand, nach dem man in Nettersheim vergeblich gesucht hatte. Es wäre logisch, wenn dieses Kultbild drei sitzende Göttinnen zeigte. Umgeben ist die Cella von einer Umgangsmauer, auf der einst prachtvolle Säulen standen. Zwischen den Säulen und an der inneren Umgangsmauer werden die gestifteten Altärchen für die Matronen, eng aneinandergereiht, gestanden haben. Ob jedoch noch zur Zeit der letzten Bauphase die Matronen in diesem Raum (und im ganzen Temenos) verehrt wurden, ist fraglich, denn viele Weihesteine dieser Göttinnen sind im neuen Tempel als in Form geschlagen Quadersteine verwendet worden. Besonders in den Mauern des Kulthofes fand man diese Matronenbruchstücke. Der quadratische Raum war auf jeden Fall auch später noch von besonderer Bedeutung, sonst wäre er wohl kaum beim Neubau in dieser Form optimiert worden.

Der Kulthof

In der Mitte des Kulthofs loht ein Feuer. Junge Leute haben sich darum geschart. Einige haben eine Trommel dabei und versuchen einen gemeinsamen Rhythmus zu finden. Eine junge Frau macht dazu leichtfüßige Tanzschritte, barfuß! Kinder spielen mit Seifenblasen. Letzte Sonnenstrahlen spiegeln sich darin. Selig haschen die Kleinen nach den bunten hauchdünnen Zaubergebilden, von Paradieslust getrieben. Leise rauschen die Bäume, singen ein uraltes Lied.

Die Gruppe hat sich einen schönen Platz für ihr Zusammensein ausgesucht. Der offene Hof, den man durch einen breiten

Eingang betritt, umschließt die höchste Erhebung im ganzen Tempelbereich. Diese sanfte, »weibliche« Erdrundung liegt genau dem Brunnen gegenüber. Sie ist nicht ausschließlich als natürliche Anhöhe anzusehen und hatte sicher eine große kultische Bedeutung.

Bei radiästhetischen Untersuchungen mutete der Geobiologe W. Brüll auf dem Mittelpunkt des Kulthofs zwei Wasseradern, eine Verwerfung und eine Globalnetzgitterkreuzung. Bei Messungen mit der Wünschelrute waren hier die energetischen Schwingungen von Versuchspersonen erheblich höher als an einem neutralen Platz. W. Brüll erstellte eine Vergleichstabelle und zog das Fazit: »Aus der Tabelle ist zweifellos ablesbar, dass sich der Reaktionsabstand des Menschen signifikant vergrößert, wenn er sich einige Minuten in der Mitte des Hofes aufhält.«[15] Der offene Hof hatte ebenfalls einen kleineren Vorgänger, der bei der letzten Bauphase auf 100 Meter Länge und 34 Meter Breite vergrößert wurde. Viele Matronensteine wurden – wie bereits beschrieben – in diesem Hof gefunden. Diese Altäre stammen aus früheren Bauten und waren bei dem Neubau als bearbeitete Handquadern in der Begrenzungsmauer verarbeitet worden.

Je eine kleine, mit einem Dach geschützte abschließbare Kammer wurde in der nordöstlichen und südöstlichen Ecke der Hofanlage bei der Ausgrabung freigelegt. Diese einstigen Schatzkammern sind heute durch Grundmauern kenntlich gemacht. Sie waren »der Aufbewahrung kleiner Votive und anderen Tempelschätzen vorbehalten.«[16] Wertvolle Opfergaben und kunstvolle Kultgegenstände fanden hier ein sicheres Lager.

Besondere Beachtung erfordert ein sechseckiges Fundament mit einem Durchmesser von 1,6 Metern. Hier hat wahrscheinlich anfänglich ein heiliger Baum als Mütterlichkeitssymbol gestanden. Meist war es eine Eiche, die während der Zeit der Naturreligionen innerhalb eines heiligen Hains als Sitz einer Gottheit Ehrung und Respekt erfuhr. Ein aufgefundenes Relikt eines steinernen Baumstücks mit einer Schlange ist ein Hinweis auf ein solches Baumheiligtum als Vorläufer des Tempels. An der Stelle des Baums wurde dann später ein steinernes sechseckiges

Säulenstümpfe in der Basilika

Postament mit einem von sechs Säulen getragenem Dach gemauert. Es wird unter Fachleuten gerne diskutiert, welche Gottheit in diesem offenen Säulentempelchen gestanden hat. Meist wird die Theorie einer Jupiterstatue vertreten, denn man huldigte Jupiter als Gott der Eiche, so dass hier ein Zusammenhang möglich wäre.

Doch inzwischen bejahen Archäologen die These, dass hier keine Jupiterfigur, sondern eine Baumplastik aus Stein an den einst heiligen Baum erinnerte: »Es scheint plausibler, dies mit dem ursprünglichen Standort eines heiligen Baumes in Verbindung zu bringen als mit einem Jupitermonument.«[17] Bei allen Bauphasen wurde dieser »heilige Platz« berücksichtigt. Das Sechseck lag zuerst außerhalb des Hofs und wurde bei der dritten Bauphase innerhalb des offenen Kultplatzes integriert. Im Hof stehen heute (2010) drei Matronensteine: Eine Kopie eines Nettersheimer Steins, ein Inschriftenstein mit der Inschrift: Mat(ronis) Vacallinihis Attilia Amada Votum solvit sowie der Lefa Stein. Zur Zeit der Kultausübungen waren es sicher viel mehr Altäre, die den Hof schmückten.

Die Basilika

Erst in der letzten Bauphase entstand der dritte Bau, die Basilika. Diese quadratische Halle von 13,65 m Seitenlänge erweckte bei der Ausgrabung großes Interesse, denn man war im Ubiergebiet noch nie auf eine solche »Kirche« innerhalb einer heidnischen Tempelanlage gestoßen. Man nannte diesen Bau Basilika. Das Wort kommt aus dem Griechischen und bedeutete anfänglich Königshalle. Im römischen Imperium wurden mit Basilika größere Markt-, Versammlungs- oder Gerichtshallen bezeichnet. Die ersten Basiliken wurden Anfang des 2. Jahrhundert v. Chr. auf dem Forum Romanum erbaut. Sie hatten mehrere Schiffe und an der hinteren Seite einen halbrunden Abschluss, die sogenannte Apsis. Die Basilika im Heidentempel zeigt Merkmale dieser frühen Bauten.

Sie war außen verputzt und wies innen Malereischmuck auf. Durch zwei Reihen von je drei unkannelierten Säulen und durch zwei an den Außenwänden angelehnte Halbsäulen war sie in drei Schiffe geteilt, ein breites Mittelschiff und zwei schmale Seitenschiffe. Die Säulenbasen sind durch Mäuerchen verbunden. Der 2,20 m breite Eingang war innen und außen von Säulen flankiert, so dass der ganze repräsentative »Prachtbau« die Macht und den Reichtum seiner Erbauer demonstrierte. Gegenüber dem Eingang liegt an der Westseite eine rechteckige Apsis, deren natürlicher Boden 1,20 bis 1,30 m tiefer als der Boden der Basilika ist. Dorfbewohner aus Pesch erzählten den Archäologen bei der ersten Ausgrabung von einem dortigen Gewölbe, unter welchem sie Schutz bei Regen gesucht hätten. Zur Zeit der Ausgrabung war dieses Gewölbe nicht mehr vorhanden. Lehner kam zu dem Schluss, dass die Apsis aus zwei überliegenden Räumen bestanden hatte, einem tieferliegenden, kellerartigen Raum und einem »erhöhten Tribunal«. Der kellerartige Hohlraum, einer Krypta vergleichbar, kann durch eine Falltür von oben zugänglich gewesen sein und der Aufbewahrung von Kultgegenständen gedient haben, aber auch für Riten genutzt worden sein. Im Volksmund wird er »Heidenkeller« genannt. Antike Funde aus diesem Keller waren zur Zeit der Ausgrabung bereits von Raubgräbern »verscherbelt« worden.

Versammlungsraum

Da es in der Pescher Basilika Hinweise auf Sitzbänke gibt, deutete man diese Festhalle als Versammlungsraum. Von anderen Tempeln war bekannt, dass sich an eigentliche Kultgebäude profane Bauwerke angliederten, »deren Zweck in mehr oder weniger losem Zusammenhang mit dem eigentlichen Gottesdienst stand ... und dem Vergnügen und Behagen größerer Besuchermengen dienten.«[18] So ist von ähnlichen Bauten die Inschrift »Curia« (Versammlungsraum) erhalten.

Neben diesem weltlichen Gedanken verfolgte man aber auch die Idee einer religiösen Versammlungshalle, die »zu Nutz und Frommen« der Besucher errichtet worden war. Die von Wissenschaftlern vertretene Ansicht, dass der basilikale Bau einem lokalen Männerbund, einer Kurie der Vacalli, als Treffpunkt und

Versammlungsraum diente, bleibt weiterhin umstritten. Es wurde in Erwägung gezogen, dass die Festhalle einem anderen Kultus geweiht war. Man dachte an die orientalischen Mysterienkulte, die im dritten Jahrhundert im gesamten Rheinland zahlreiche Anhänger gefunden hatten. Ein Fragment eines Reliefs der phrygischen Göttermutter Kybele, der Magna Mater, nährte diese Hypothese. Auch die Ausgrabung eines ähnlichen »Kellers« innerhalb eines Tempelbezirks in Neuss machte die Verehrung von Kybele in lokalen Tempeln vorstellbar. In Neuss handelte es sich ganz eindeutig um einen Taufkeller der Großen Göttermutter Kybele. Dieses Gebäude wurde um etwa 330 n. Chr. zerstört, also etwa zur gleichen Zeit, als die neue Anlage in Pesch entstand. Bei Sicherungsmaßnahmen im September und Oktober 1961 untersuchte man die Basilika erneut. Neue Erkenntnisse waren mager: »Nach den neuen Ergebnissen wird man sie nicht mehr als Basilika im engeren architekturgeschichtlichen Sinn ansehen, also als Gebäude mit einem überhöhten und durch eigene Fenster beleuchteten Mittelschiff, sondern als Halle mit drei gleich hohen Schiffen. Leider erfüllten sich unsere Hoffnungen auf neue Funde nicht, welche die Zweckbestimmung des eigentlichen Bauwerks eindeutig erklärten. Also können wir weiterhin nur wegen der Verwandtschaft mit bestimmten vergleichbaren Bauten vermuten, dass die ›Basilika‹ einst den Anhängern eines Mysterienkultes als Versammlungsraum diente.«[19]

Kybele

Gegen die intensive Verehrung der Kybele argumentiert man, dass im Pescher Tempel nur ein einziges Relikt einer Statue der Kybele gefunden wurde. Allerdings muss man bedenken, dass die Anhänger der Geheimkulte längst nicht so verschwenderisch mit Weihesteinen umgingen wie die Matronenverehrer. Doch welche Gottheit in der Basilika ihre Kultstätte hatte, bleibt letztendlich unsicher. Sicher ist man inzwischen nur, dass die Matronen zu der Zeit der letzten Bauphase auf dem Addig nicht mehr relevant waren, immerhin waren für die Vergrößerung der Anlage viele Matronen – Weihesteine in Mauern eingebaut worden.

Bereits 1951 stellte eine Gruppe von »Bonner Altertumsfreunden« bei einer Besichtigung des Pescher Matronenheiligtums die Frage: »Verdient dieses Matronenheiligtum noch seinen Namen?« Der damalige Leiter des Landesmuseums, Direktor Neuffer, führte durch den Kultbezirk und seine Erläuterungen waren »von hohem Niveau in Anbetracht der Tatsache, dass er hier vor einem Forum von Sachkennern verschiedener wissenschaftlicher Disziplinen sprach.«[20] Anschließend kam es zu einer lebhaften Aussprache. Viele Mutmaßungen wurden diskutiert, doch zu einem Ergebnis kamen auch diese hohen Herren nicht.

Auch heute ist man sich zwar sicher, dass nach 330 die Matronen nicht mehr auf dem Addig verehrt wurden, aber wer oder was hier die Menschen in seinen Bann zog, ist weiterhin unklar. Nach Ansicht von heutigen Archäologen ist auch Kybele unwahrscheinlich.

In dem Buch »Mit dem Fahrstuhl in die Römerzeit« schrieb der Journalist, Historiker und Bestsellerautor Rudolf Pörtner (1912–2001) schon im Jahr 1959 über den Heidentempel Pesch: »Wie dem auch sei – sie lebten auch hier friedlich unter einem Dach: die heimischen Matronen, der olympische Jupiter und die Große Mutter aus Kleinasien. Und gingen gemeinsam unter.«[21] Doch gerade dieser gemeinsame Untergang muss in Frage gestellt werden.

Welche Gottheit wurde also in der späteren Zeit hier verehrt? Wurden vor dem Neubau der großen Anlage die alten Gebäude niedergerissen, um den Matronenkult zu beenden? Die Fragen um den »Heidentempel« und Basilika werden immer zahlreicher, je mehr man hier nachforscht. Südlich der Basilika war ein Fachwerkschuppen, der wahrscheinlich als Speicherhaus für Vorratsgüter oder als Versorgungsküche gedient hat. Dieser Bau ist nicht restauriert, ist aber noch an einigen Grundmauern teilweise zu erkennen. Auch mit dem Zaun zur benachbarten, heute in Privatbesitz befindlichen Wiese, war der Kultbezirk bestimmt nicht abgeschlossen. Von der Wiese geht es abwärts in eine kleine Schlucht, wo einst drei Quellen waren. Von einem dortigen Hexentanzplatz, auf dessen oberste Stelle man »abheben kann«, munkelt man aber nur unter vorgehaltener Hand.

Weitere Untersuchungen

Bei der Freilegung der Tempelanlage wurde die Bonner Sternwarte mit einer astronomischen Untersuchung beauftragt. Im Grabungsbericht ist zu lesen, dass »die ganze Gebäudeflucht mit seiner Achse nicht genau nach Osten, sondern mehr nach Norden, also ungefähr nach ONO gerichtet ist. Jedenfalls aber ist die bei antiken Tempeln vorwiegende Richtung des Tempeleingangs nach Osten auch hier beabsichtigt und die Möglichkeit, dass die Abweichung vom genauen Osten auf der Orientierung nach dem Sonnenaufgang eines bestimmten Tages (Festtag der Gottheiten, Gründungstag des Tempels) beruht, nicht ausgeschlossen.«[22] Wie wir schon gesehen haben, war laut Volksüberlieferung der Tag der Wintersonnwende von Bedeutung.

Von weiteren Untersuchungen sollen noch Arbeiten von 1959 erwähnt werden. In einem »Fünf-Jahres-Plan zur Rettung des Matronenheiligtums bei Pesch« wurden vom Landschaftsverband in Verbindung mit dem Landeskonservator umfangreiche Sicherungsmaßnahmen durchgeführt, da die Mauern stark bröckelten. Die Restaurierungsarbeiten wurden von »Spezialarbeitern« einer Mechernicher Baufirma geleistet. Einer dieser Arbeiter fand eine Silbermünze, »die sich nach entsprechender Reinigung als Prachtexemplar erwies. Ausgezeichnet leserlich ist die Inschrift rund um den Kopf des römischen Kaisers: ›IMP(erator) ANTONINUS AUG(ustus)‹, der in der zweiten nachchristlichen Jahrhundert residierte. Die Finder lieferten die Münze im Bonner Landesmuseum ab, das sich in ähnlichen Fällen (Brunnenstube Kallmuth) mit einem Finderlohn erkenntlich zeigte, der u. U. weit über dem materiellen Wert eines Münzfundes liegt.«[23] Ergänzt wird noch, dass römische Münzen bei Antiquitätenhändlern kiloweise zu haben seien, das Stück für 25 Pfennige.

Das gesamte Münzspektrum reicht im Kultzentrum auf dem Addig bis zum späten 4. Jahrhundert. (Bonn bis ca. 325, Nettersheim bis 410, Zingsheim bis Ende des 4. Jahrhunderts). Zu Ende des 4. oder Anfang des 5. Jahrhunderts wird die Nutzung der Gebäude auf dem Addig aufgegeben worden sein. Später wurde der Tempel gewaltsam zerstört. Man fand zerschlagene Weihesteine und Brandspuren. Lehner erklärte 1914 bei einem Vortrag in Bonn über die Matronencella: »Der Tempel war offenbar durch Brand zerstört, starke Brandspuren waren an den Wänden, auf dem Estrich und in dem ihn füllenden Bauschutt wahrzunehmen.«[24]

Zu welcher Zeit das geschah, weiß man nicht. Es kann gleichzeitig mit dem Ende der Nutzung geschehen sein, aber auch erst viel später. Lehner vermutete die Zerstörung Anfang des 5. Jahrhunderts, die aber fraglich bleiben muss. Die häufigste Theorie für die Zerstörung vertritt »plündernde Germanen oder sendungsbewusste Christen«.[25] Die Aggressivität, mit der man ans Werk ging, deutet eher auf einen Glaubenskampf hin als auf eine Plünderung. Neben der Brandlegung schlug man alles, was aus Stein war, kurz und klein. Dass man nicht nur den Tempelbezirk vernichten, sondern auch die Verehrung der alten Gottheiten ausrotten wollte, demonstrieren zahlreiche Köpfchen von Matronen, die aus den Altarbildern herausgeschlagen worden waren.

Die Vacanlinehae und der Stamm Vacalli

Der Name Vacallinehae ist keltisch. Wie bei anderen Matronenbeinamen, so ist auch bei den Vacallinehae die Schreibweise auf den Weihesteinen unterschiedlich: Vacalinihis, Vacallenehis, Vacallinehis. Die letzte Form ist die häufigste. Ob die verschiedenen Benennungen zu unterschiedlichen Zeiten gebräuchlich waren, hat sich trotz Nachforschungen einiger Wissenschaftler nicht feststellen lassen. Vielmehr ist man zu dem Schluss gekommen, dass die abweichende Rechtschreibung keine Bedeutung hat. Die unterschiedlichen Endungen und Belegformen des Namens hat der Sprachwissenschaftler Prof. Theo Vennemann aus München 1993 untersucht und erklärt.[26]

Den Beinamen dieser Matronen leitet man von einem Stamm namens Vacalli ab, so dass die Vacallinehae die Beschützerinnen eben dieses Stammes wären. Neben dem Heidentempel Nöthen-Pesch wurden Matronensteine in Mechernich-Antweiler, Lessenich, Satzvey und Weyer gefunden, so dass das Schutzgebiet der vacallinehischen Matronen dadurch genau bestimmt werden kann. Auf zwei Weihesteinen des Heidentempels ist als weiterer Beiname Leudinis belegt. Hier kann es sich um eine Sippe, innerhalb der Vacallis oder um Bewohner eines untergegangen Ortes »Leudium« handeln.

Für den Namen Vacallinehae gibt es mehrere Übersetzungsversuche, von denen hier nur einige genannt werden sollen. In dem Wort kann das germanische »kalle« für schwatzen, laut sprechen eingeflochten sein, schließlich gibt es zwei Kallbäche in der Eifel, der Kallbach im Venn und die Kall (alte Schreibweise Call) bei Kall, und das sind munter plaudernde Gewässer.[27] Die Kall ist aber auch eine Rinne, wobei wir an das Wort »Addig« denken und an den Römer»kanal«. Franz Cramer, der Matronenamen aus dem Griechischen ableitete und die Matronen als Seherinnen sah, kam zu der Deutung »sanfte Klage kündend«.[28]

1949 ist von Dr. Wilhelm Kaspers aus Düren folgende Erklärung veröffentlicht: »Der Ort des Kultes hieß etwa Vacalla, gebildet aus vaca plus gallisches Suffic all, das nicht nur persönlich (Vasallus), sondern auch örtlich verwendet wird. Vaca stelle ich zu indogermanisch uaka, altirisch vaca Kuh, lateinisch vacca. Danach hieße Vacalla Kuhort.«[29] Zu einem ähnlichen Ergebnis kam die Frauenforscherin Gudrun Nositschka aus Wachendorf (Mechernich). Als Grundlage nahm sie den Artikel »Das Protokoll der Sprache in ›Weib und Macht‹«, Frankfurt 1992, von Richard Fester. Sie schreibt: »Zu den sechs Archetypen aller Sprachen gehört das Wort oder die Silbe Kall. Ich zitiere: »Kall ist jede Vertiefung, jeder Hohlraum, jede Wölbung, jeder enge Durchlass, ist Schale, Kehle, Höhle, Wohnstatt, Kulthöhle, Quelle und das Tal wie der Pass, der die Höhe überwindet. Vor allem aber der mütterliche Leib, die Geburt, das Kind, die Sippe, der Clan, das Volk. Tiere und Fruchtbarkeit, Schnecken und Muscheln, die ihre Wohnhöhlen mit sich tragen, Pflanzen und Bäume, die hohl sind oder hohle Früchte haben oder sich zum Aushöhlen für Bütte und Boote eigenen. Kall ist auch Niederung, Senke, Meer, Mündung, Flussbett, See, aber auch Zugang und Weg.« Um zu differenzieren, führt Fester aus, ist das Wort auch mit andern Vokalen, Konsonanten, in den jeweiligen Umkehrungen und Verdoppelungen entwickelt worden. Aus Kall wird u. a. Lak/Lac oder Caw/Cavoder Wac/Vac. Die Überstimmung mit dem Wort vacall ist auffällig. Was bedeuten die Worte zu der Zeit, als die römischen Soldaten sich der keltischen Kulte bedienten? Wacca heißt im Lateinischen Kuh, das milchgebende Muttertier. Lac (Kall) heißt im Lateinischen die Muttermilch. Muttermilch wird mit lebenspendend gleichgesetzt. Von der Sprache her sind die Vaccalinehischen Matronen also lebensspendende Göttinnen, die mit der Muttermilch assoziiert werden. Laut Lexikon der keltischen Mythologie von Sylvia und Paul f. Botheroyd, München 1992 »unterhielten die Kelten die indogermanische Vorstellung von der Kuh als Verkörperung oder Attribut der Muttergöttin.«[30]

Matronensteine in der Antweiler Kirche

Könnte man vom Addig aus in direkter Luftlinie auf Antweiler zusteuern, müsste man nach einem Marsch über den Bosset das Dorf Gilsdorf passieren, den Stockert bei Eschweiler überwinden, zwischen Röttger- und Schlangenberg wandern, um über Wachendorf das Dorf Antweiler in der Antweiler Senke zu erreichen. Knapp zehn Kilometer misst diese Strecke. Würde man schnurgerade in die gleiche nordöstliche Richtung weitergehen, würde man die Matronenorte Euskirchen, Weilerswist sowie Brühl streifen und landete mitten in Köln.

Um 1600 wird erstmals der Matronenkult aufgrund aufgefundener Weihesteine schriftlich erwähnt. Der Priester, Gelehrte und Historiker Johann Friedrich Schannat (1683–1739) hat bereits in seinen historischen Studien einige Matronensteine aufgeführt. Einer dieser ersten Steine, welcher der »gelehrten Welt«

bekannt wurde, ist in »Antweiler pago Eiffliae prope Wachendorp« gefunden worden. Die genaue Fundstelle ist nicht bekannt. Dieser Weihestein zeigt eine Darstellung der drei sitzenden Göttinnen, die auf dem Schoß eine Blumen- oder Obstschale tragen. Die Inschrift wurde folgendermaßen gelesen: Matronis Vacallinehis Tib. Claudius Maternus Imp. Ip. LM. Unterhalb der Inschrift war eine Opferszene dargestellt, die folgendermaßen beschrieben ist: »Unter dieser Inschrift steht eine weibliche Figur in langem Gewande, welche einen Blütenzweig in der Hand trägt und über deren Kopf der Buchstabe L eingehauen ist. Neben dieser Figur steht ein Altar, auf welchem Flammen brennen; neben dem Altare ein Jüngling mit einem Rauchfass. Ein Mann, welcher etwas in der Hand trägt, schüttet solches in das Feuer auf dem Altare.«[31] Der Stein soll sich ehemals in der Blankenheimer Sammlung befunden haben. Diese berühmte Altertumssammlung war von Hermann Graf von Blankenheim (1543–1604) angelegt worden. Mit großen finanziellen Opfern hatte er alle antiken Kunstwerke, die ihm erreichbar waren, zusammengetragen und in sein Schloss in Blankenheim und in seinem Park in Jünkerath ausgestellt. Diese Sammlung enthielt neben einer großen Bibliothek auch wertvolle römische Altertümer, darunter auch Matronensteine. 1794 wurde die Sammlung geraubt und die meisten regionalen Schätze wurden verschleudert. Nur wenige fanden später den Weg wieder in Museen (Landesmuseum Bonn, Wallraf-Richartz Museum Köln), die meisten waren jedoch für immer für die Wissenschaft verloren.

Verschollen sind auch die drei Weihesteine, die man im Frühjahr 1852 beim Abriss der baufälligen Kirche von Antweiler »im Mauerwerk zerstreut« fand. Der erste Matronenstein war aus grobem, grauem Quarzsand und trug eine Inschrift, die folgendermaßen erweitert wurde: Matronis Vacallinehis Am(ius) Nomiceiius Primus. Ein zweiter Stein von derselben Qualität war zur Hälfte zerstört. Er konnte ebenfalls den vacallinehischen Matronen zugeordnet werden. Der dritte Stein ist wie folgt beschrieben »Der Rest einer Votivara von etwas feinerem, weißem

Korn, worauf in besser gearbeiteten Zügen nur noch die Buchstaben ...tronis zu lesen sind. Über der Leiste sieht man noch deutlich, dass Figuren über derselben ausgehauen waren, wovon aber nichts mehr erkennbar ist.«[32] Die Frage, ob diese Matronensteine aus dem Heidentempel Nöthen-Pesch oder aus einer Kultstätte in der Nähe von Antweiler/Wachendorf stammen, kann nicht geklärt werden.

1908 stieß man bei Lessenich auf drei Inschriftensteine, die den vacallinehischen Matronen geweiht waren. Die Fundstelle liegt »20 Minuten südlich von Lessenich auf dem höchsten Punkte zwischen Lessenich und Rißdorf.«[33] Mit dem ersten hat Marcus Antonius Masuetus für sich und die Seinen ein Gelübde eingelöst. Der rechteckige Altar ist aus rotgrauem Sandstein und 57 cm hoch, 26 cm breit und 15 cm tief. Oben auf dem Giebel liegt eine Frucht, auf den Schmalseiten sind Bäume eingemeißelt. Den zweiten Stein hat Lucius Cavonius Victor den Stammesgöttinnen der Vacalli gesetzt. Dieser ist aus grauem Sandstein und 73 cm hoch. Auf dem dritten Stein ist die Inschrift stark verstümmelt. Sie wurde wie folgt ergänzt: (Va)callineis G(aius) Juliu(s) Secundu(s) VSLM. Auch dieser Stein ist aus grauem Sandstein. Er misst in der Höhe 52 cm und in der Breite 33 cm. Auf dem Giebel liegen ein Apfel und eine Birne. Die drei Altarsteine befinden sich im Landesmuseum in Bonn. Eventuell waren die Matronensteine in Zweitverwendung als Grabwandungen benutzt worden, worauf zumindest die Tatsache hindeutet, dass einige Ecken abgeschlagen sind, also die Steine einer gewissen Form angepasst worden sind.

1984 wurde man in der Nähe von Lessenich abermals fündig: »Im Januar 1984 wurde bei Mechernich-Lessenich, Kreis Euskirchen, gut 400 m westlich der Kirche ein fränkisches Steinplattengrab angepflügt. Zur Abdeckung diente u. a. das Bruchstück eines römischen Weihesteins für die Matronae Vacallinehae, die in dem knapp 9 km südlich gelegenen Tempelbezirk von Pesch ein Zentrum ihrer Verehrung hatten.«[34]

Satzvey am sagenhaften Veybach liegt gut zwei Kilometer von Lessenich und vier Kilometer von Antweiler entfernt. Dort hat man 1916 einen Matronenstein entdeckt, »aber nicht in der Erde, sondern in einem Bauernhaus vermauert.« Ein Gaius Farsuleius Terentius hat den vacallinehischen Matronen für sich und die Seinen voll Dankbarkeit diesen Altarstein gestiftet. Der Weihestein soll ursprünglich in der Gemarkung »Am Steine Kreuz« zwischen Satzvey und Obergartzem gefunden worden sein; inzwischen ist er ins Bonner Landesmuseum gekommen. Zwei weitere Matronensteine sind noch bekannt, die jedoch nicht wissenschaftlich untersucht wurden und verschollen sind. Der eine Stein soll nach mündlicher Überlieferung ebenfalls auf der Flur »Am Steine Kreuz« gefunden worden sein. Von einem weiteren Fund in Satzvey ist folgendes bekannt: »Anfang der fünfziger Jahre förderte der Landwirt W. K. aus Satzvey bei der Feldarbeit auf einer als Ackerland genutzten Teilfläche des Flurbereichs Hennesberg einen Matronenaltar aus rotbraunem Sandstein zutage.« Da auf dem Hennesberg am Rande eines Moorgebietes auch die Sagengestalt »Jufferfey« wandelt, kann hier eventuell ein Matronenheiligtum gestanden haben, »das in der Erinnerung der Menschen weiterlebte.«[35]

Katzensteine im Feybachtal

An das Vacalli-Gebiet grenzen auch die monumentalen »Katzensteine« zwischen Katzvey und Satzvey im Tal des Feybachs, wo die sagenhafte Fey ihr Reich hat (siehe Matronentempel Zingsheim). Die 15 Meter hohen Felsen beeindrucken durch eine starke Ausstrahlung. Hier haben schon altsteinzeitliche Jäger und Sammler Schutz und Bleibe gesucht. Vom 1. bis zum 3. Jahrhundert wurden die Katzensteine als Steinbrüche genutzt. Sie sind der einzige nachweisbare Steinbruch zur Römerzeit in der Nordeifel. Mancher Matronenstein mag aus dem Felsen gebrochen worden sein, nachweislich die Weihesteine aus Iversheim in der Nähe der römischen Kalkbrennerei bei Münstereifel. Oberhalb der Katzensteine verläuft die römische Wasserleitung aus der Eifel nach Köln. Hier stieß man 1971 auf einen kleinen Tempel, der der Jagdgöttin Diana geweiht war.[36]

Entweihter Weihenstein in Weyer

1998 fanden erneut Grabungen in der Nähe des »Dianatempels« an den unter Naturschutz stehenden Katzensteinen statt. Viele Bruchstücke kamen ans Tageslicht. Bei einem großen Quader vermutete man ein Unterteil eines Weihedenkmals, ein anderer größerer Block deutete man als »ein Fragment eines Weihe- oder Grabdenkmals.«[37] Bei diesen Nachgrabungen stieß man auf Inschriftenfragmente, durch die sich auch die Verehrung von Matronen nachweisen ließ. Ein Beiname der Göttinnen ergab sich leider nicht. Anscheinend hatte sich die Jagdgöttin Diana mit den Matronen hier einen Tempel geteilt, was auch von Billig und Weilerswist bekannt ist.[38] Weitere Dianafragmente wurden in Mechernich/Kommern und Euskirchen erkannt, so dass man neben Köln auch im Raum Euskirchen einen Schwerpunkt der Dianaverehrung im Ubiergebiet vermutet. Von den vacallinehischen Weihesteinen sei noch ein Inschriftenstein erwähnt, den ein Soldat der Legion I Minerva den Matribus Vacallineis auf Geheiß der Göttinnen herstellen ließ. Dieser Stein wurde 1834 in Bonn/Endenich gefunden. Der Name des Stifters ist Atticus Maternus. Es scheint sich um einen Vacalli zu handeln, den sein Legionärsdienst nach Bonn verschlagen hatte und der dort seine heimischen Schutzgöttinnen nicht vermissen wollte und ihnen einen Altar widmete. Der Stein kam als Geschenk in das damalige Bonner Provinzialmuseum (heute Landesmuseum).

Entweihter Weihestein im Altarstein in Weyer

Dass auch in unserer Zeit noch bemerkenswerte Matronenfunde gemacht werden, zeigte sich 1991, als unter dem Altar der Weyerer Pfarrkirche (Stadtgebiet Mechernich) ein gut erhaltener Matronenstein zum Vorschein kam. Schon mehrmals hatte man in früheren Zeiten in Altären christlicher Kirchen römische Götteraltäre gefunden. So fand man zum Beispiel 1812 beim Umbau der alten Tondorfer Kirche einen Viergötterstein, dem man leider wenig Beachtung schenkte und in die Grundmauern einbaute. Die dem Braunkohleabbau geopferte alte Kapelle Vilvenich bei Düren beherbergte einen Matronenstein, der

der Kapelle eine besondere Bedeutung verlieh.[39] In der Außenmauer der Euskirchener Martinuskirche war ein Matronenstein eingebaut (siehe Fachinehis Zingsheim/Euskirchen), ebenso in der alten Kapelle von Billig. Zwei Inschriftensteine an die Matronen kann man noch in der Kirche Marienborn in Zülpich-Hoven sehen. Ob man durch die Zweitverwendung der alten Göttersteine den Sieg des Christentums über das Heidentum demonstrieren wollte oder ob man nicht ganz auf die alten Götter verzichten wollte, sei dahingestellt.

Überlegungen dieser Art wurden 1991 in Weyer aktuell, als man innerhalb von umfassenden Renovierungsmaßnahmen in der Sankt-Cyriakus-Kirche am 4. Februar unterhalb des Altaraufbaus auf Bruchstücke eines Wege- und eines Grabkreuzes stieß. Für Überraschung sorgte schließlich ein 12 Zentner schwerer Quaderstein. Als man diesen umdrehte, entpuppte er sich als gut erhaltener Altarstein mit Matronenbild und Inschrift.

Die drei Göttinnen sitzen wie üblich in ubischer Festtagstracht in einer Ädikula. Auffallend ist, dass der Kopf der mittleren, sehr schmalen Figur regelrecht »abgegriffen« wirkt, was auch bei anderen Matronensteinen zu beobachten ist. Für dieses Phänomen gibt es mehrere Erklärungsversuche. Es kann sein, dass Menschen ehrfurchtsvoll das Gesicht berührt haben und durch Schweißrückstände bei diesem »Fingerabdruck« der Kalkstein zersetzt wurde. Eine andere Theorie hält es für möglich, dass man den Kalk abkratzte, um den Kalksand für Heilungs- und Fruchtbarkeitsriten zu nutzen. Verschiedentlich wird die Theorie vertreten, dass während der »Heidenverfolgung« die Köpfchen zerschlagen wurden, um den Göttinnen »das Gesicht zu nehmen«. Bei dem Weyerer Stein sieht das abgegriffene Köpfchen allerdings nicht nach einer Zerstörung aus.

Der Stein aus der Weyerer Kirche ist 109 cm hoch, 68,5 cm breit und 30 cm tief. Das Steinmaterial stammt aus den Steinbrüchen von Pont-à-Mousson an der französischen Obermosel. Auch bei anderen römischen Funden (Grabwandungen) stammt Steinmaterial aus diesen Steinbrüchen. Es stellt sich die Frage, wieso man diese schweren Brocken von so weit her holte, da es doch in der Nähe genug Steinbrüche gab. Auf dem Schoß tragen die Matronen Schalen mit Früchten. An den Schmalseiten ist je ein Baum eingemeißelt. Stilistisch ist der Weihestein dem ausgehenden zweiten Jahrhundert zuzuordnen.

Die Inschrift ist in der bekannten Form abgefasst. Übersetzt lautet sie: »Den Matronen Vaccalinehae hat Lucius Caldinius Firminius gern nach ihrem Verdienst sein Gelübde erfüllt.« Der Name Caldinius war bereits als Stiftername von einem im Heidentempel Pesch gefundenen Matronenstein bekannt. In diesem Namen sieht man eine Verbindung zu dem Ort Keldenich bei Kall. Caldinius ist allerdings ein häufiger Personenname und auch von anderen Fundorten (Bonn und Köln) belegt.

Vor dem Einbau in den Altar war der Weihestein entweiht worden. Davon zeugen auf der Rückseite in den Ecken vier eingeschlagene Kreuze und in der Mitte eine abgestufte Vertiefung, die zur Aufnahme von Reliquien gedient haben mag. Wann dies geschehen ist, lässt sich nicht feststellen. Man ist sich jedoch sicher, dass der Matronenstein in einer Drittverwendung zu einem christlich-getauften Heidenstein umgewandelt wurde, quasi christianisiert wurde. Der Herkunftsort des Altarsteins wird im Heidentempel Nöthen/Pesch zu suchen sein. Das Originalmonument ist nach einer Untersuchung des Landesmuseums zur Weyerer Kirche zurückgekehrt. Ein Abguss wurde im Dorf Pesch aufgestellt, je eine weitere Kopie in Bad Münstereifel (Apothekenmuseum), im Naturzentrum Nettersheim, an der Antweiler Kirche, und im Tempelbezirk auf dem Addig. Der Volksüberlieferung zufolge soll die Pfarrkirche von Weyer auf den Grundmauern eines römischen Tempels stehen, der vielleicht sogar ein keltisches Heiligtum als Vorläufer hatte. Reste einer Cella lägen unter dem Chor, erzählt man sich im Dorf. In den 1980er Jahren ging das Rheinische Amt für Bodendenkmalpflege diesen »Legenden« nach. Als in dem Kirchenraum eine Heizungsanlage eingebaut wurde, legte man Ausschnitte eines fränkischen Gräberfeldes frei, fand aber keine Hinweise auf römische Vorgängerbauten oder auf ein keltisches Heiligtum.

Kirche Weyer (Ansichtskarte, ca. 1930)

Kirche Weyer – Ort der Kraft

Ganz anders sehen da radiästhetische Messungen aus, die der Geobiologe Wilhelm Brüll 1990 vor der Freilegung des Matronensteins in der Weyerer Pfarrkirche durchführte. Er konnte nicht nur einen »Ort der Kraft« in unmittelbarer Nähe des späteren Fundortes ausmuten, sondern auch den vermuteten Grundriss einer vorrömischen Kultstätte erkennen: ein Rechteck von sechs mal acht Meter und einer Stärke der Umfassung von 0,80 Meter.[40]

In der Nähe der Kirche von Weyer liegt die Kartsteinhöhle, in der Menschen bereits seit Urzeiten Schutz vor den Unbilden der Natur suchten. Im Volksmund wird die Höhle Kakushöhle, große Kirche und Kinderhöhle genannt. Die Sage erzählt von der Göttin Helic: »Es ist schon lange her, da waltete in den Höhlen des Kartsteins die Göttin Helic. Diese Göttin rief auf geheimnisvolle Weise die Kinder ins Leben. Aus einem verborgenen Raum tief im Innern der Höhle – dem Herzen der Mutter Erde – holte sie die Menschenkinder hervor. Die unterirdischen Quellen und Bäche gaben das lebensspendende Wasser.«[41]

Sehr nachdrücklich behaupten bis heute die Bewohner von Weyer und Umgebung, dass ein unterirdischer Gang von der Weyerer Kirche zur Kartsteinhöhle führe, so dass man sich jederzeit hätte zurückziehen können. Auch dieser Überlieferung gingen die Denkmalschützer nach und fanden »das Ende einer Legende«: »Bei einigen Kirchen mögen diese Sagen einen realen Hintergrund haben: Die Untersuchung der römischen Wasserleitung von der Eifel nach Köln, vor allem in dem Abschnitt bei Breitenbenden, zeigte, dass der Kanal an einigen Stelle bis heute begehbar ist und so den Anlass für die Sagenbildungen geben konnte.«[42]

Allerdings ist diese Begründung wenig befriedigend, denn der Römerkanal führt in einiger Entfernung an Weyer vorbei. Auffallend ist, dass unabhängig voneinander in Kallmuth, Urft und Nettersheim von unterirdischen Gängen erzählt wird, die von diesen Orten ausgehend alle an der Weyerer Kirche ans Tageslicht führten, womit dem Terrain dann doch eine gewisse Sonderstellung zukommt. Es ist denkbar, dass sich ein Wissen von einer imaginären, mythischen Beziehung zwischen diesen Orten erhalten hat, wobei in der Volksfantasie das unsichtbare Band zu unterirdischen Gängen geworden ist. Andere Deutung erinnert daran, dass die Kelten an besonderen Plätzen unterirdische Schächte anlegten, wo sie sich zur Meditation zurückziehen konnten.

Höhlen waren in Vorzeiten magische Kulträume. Höhle und Dom haben etwas Urverwandtes. Der Dunkelpart der Höhlen und damit der Unterwelt wurde durch heilige, helle Höhenplätze kompensiert. Trafen Menschen sich unter der Erde zu einem Ritual, so hielten andere Menschen auf einer Höhe Wache. So hält man es für möglich, dass mit den Verehrungsstätten in Weyer und auf dem Addig in Pesch ein Ausgleich zu der großen Höhle des Kartsteins geschaffen wurde, denn Höhlen waren in das Verbundnetz der Kultplätze einbezogen und durch Pilgerpfade miteinander verbunden.[43] Von den landschaftlichen Schönheiten rund um Weyer sei vor allem der Eulenberg bei Urfey/Vollem genannt, der einen einmaligen Rundblick ins Land beschert. Der Name kommt nicht von Eule, sondern eher von dem germanischen alah = heiliger Hain, geweihte Stätte. Eulenberge gibt es im Zülpicher Matronenland in Geich und bei Sinzenich. Vom Eulenberg bei Urfey/Vollem hat man einen freien Blick auf die Kirche in Weyer. Ein regelrechter Initiationsweg führt von der Spitze des Eulenbergs über zwei kleine Kuppen zu dem fast 500 m hohen Lichtertberg, der mit dem keltischen Lichtgott Lug in Zusammenhang gebracht wird. Zwischen diesen Hügelzügen und der hochgelegenen Weyerer Kirche schlängelt sich der Feybach. Er führt zu den fachinehischen Matronen (siehe Zingsheim).

Quellenangaben

1 Dr. Franz Cramer: Ein Spaziergang von Münstereifel zum Pescher Matronenheiligtum. In: Eifelvereinsblatt, August 1923, S. 27

2 Matthias Strick: Nöthen – Gilsdorfer Flurnamen. Ihre Deutung und Geschichte. 2007

3 Ausgrabungen im Rheinland 1981/82, S. 44

4 Hans Lehner, a. a. O., BJ. 125 / 1919 Grabungsbericht, S. 78

5 Dr. Pohl, Linz: Römer-Canal. In: BJ 77, 1882, S. 135

6 F. J.: Kleine Mitteilungen. In: Rheinische Geschichtsblätter, Oktober 1895, S. 128

7 Paul Elbern: Rettung des Matronenheiligtums bei Pesch. In: Köln. Rundschau, 14. April 1959

8 Paul Elbern: Rettung des Matronenheiligtums bei Pesch. In: Heimat Rundschau, Köln. Rundschau 14. April 1959

9 vgl. Hans Lehner, a. a. O., BJ 125 /1919;
vgl. Hans Lehner: Die antiken Steindenkmäler des Provinzialmuseums Bonn, 1918, Nummer 348–505. S. 158–190

10 Hans Lehner, a. a. O., BJ 125 /1919, S. 125

11 Hans Lehner: Der Tempelbezirk der Matronae Vacallinehae bei Pesch. In: BJ 125, 1919, S. 74–162

12 php: Auf dem Addig. In: Zwischen Eifel und Ville, November 1951

13 Hans Lehner, a. a. O., BJ 125/ 1919, S. 84

14 Sophie Lange: Hier spukt's, Sagen und alte Dorfgeschichten aus den elf Orten der Gemeinde Nettersheim, 2000, S. 105
http://www.sophie-lange.de/sagen_nettersheim_1.html

15 Wilhelm Brüll † 8.10.2011: Radiästhetische Messungen in Römertempeln der Eifel. In: Wetter-Boden-Mensch 21/1987, S. 2014
http://www.weyer.privat.t-online.de/orte/mythologie.html
siehe auch http://www.wingarden.de/wing/nachedition2003/weyer.html

16 Hans Lehner: Matronenheiligtum bei Pesch. In: B J 123, 1916, S. 72

17 Wolfgang Spickermann: Germania Inferior, Tübingen 2008, S. 48

18 Hans Lehner, a. a. O., BJ 235 / 1919 S. 152

19 Walter Sage: Nachgrabung in der »Basilika« des Heidentempels bei Pesch, Gemeinde Nöthen, Kreis Schleiden. In: B J 164, 1964, S. 35

20 Julius Eigner; Altertumsfreunde besuchen Matronenheiligtum. In »Die Eifel«, Oktober 1951

21 Rudolf Pörtner: Mit dem Fahrstuhl in die Römerzeit. Düsseldorf. 1959, S. 128

22 Lehner a. a. O., BJ 125/1919, S. 161, s. auch S. 80 und S. 157 ff

23 Paul Elbern: Rettung des Matronenheiligtums bei Pesch. In: Köln. Rundschau, 14. April 1959

24 Hans Lehner: Matronenheiligtum bei Pesch. In: BJ 1916, S. 68

25 H. G. Horn: Der Matronentempel bei Pesch. In: Führer zu vor- und frühgeschichtlichen Denkmälern, Teil II: Exkursionen, Nr. 26, Mainz 1974, S. 80

26 Theo Vennemann gen. Nierfeld: Ein ubisches Lautgesetz. Sonderdruck aus: Beiträge zur Geschichte der deutschen Sprache und Literatur, 115. Band 3. Heft 1993, S. 381

27 Winfried Mauel: Am Anfang war die Kall. In: Monschauer Jahrbuch 1995
http://www.sophie-lange.de/matronen18.html
Winfried Mauel: Die Kall ist überall, Manuskript 1995

28 Franz Cramer. Von Matronen und Weihedenkmälern, Welda 1933

29 Dr. Wilhelm Kaspers: Die Ortsnamen der Dürener Gegend, Düren 1949, S. 48

30 Gudrun Nositschka, Wachendorf, Manuskript 1994

31 Johann Friedrich Schannat: Eiflia Illustrata. Ergänzung Georg Bärsch, 1852, Band 3, Abteilung 1, Abschnitt 1, S. 164

32 J. Freudenberg: Neue Matronensteine aus Antweiler und Zülpich. In: B J 19, 1853, S. 86

33 Klaus Krüger: Zur Siedlungsgeschichte Lessenichs: Liezniha war der Anfang. In: Kreis Euskirchen Jahrbuch 1989, S. 5

34 Ausgrabungen im Rheinland, 1983/1984, S. 42

35 Klaus Krüger »Bei Tau und Nebel am fließendem Wasser«. In: Jahrbuch Kreis Euskirchen 1992, S. 10

36 Walter Sölter: Die roten »Katzenköpfe«, ein römischer Steinbruch an den Katzensteinen bei Mechernich-Katzvey, Kreis Euskirchen.: In Ausgrabungen im Rheinland 1976, S. 114.116

37 Frank Biller und Paul Wagner: Neufund am Straßenrand: Römische Weihesteinfragmente an den Katzensteinen. In: Archäologie im Rheinland 1999, S. 112

38 Sophie Lange: Archäologen gruben an den Katzensteinen. In: Köln. Rundschau Eifelland vom 28.11.2000

39 http://www.sophie-lange.de/matronenkult/16.htm

40 Wilhelm Brüll † 8.10.2011: Spuren keltischer Religion und Mythologie bei Weyer. In: Kreis Euskirchen Jahrbuch 1991
www.ruediger-weyer.de/orte/mythologie.html

41 www.sophie-lange.de/Kakushoehle/10.htm

42 Winfried Maria Koch: St. Cyriakus in Weyer – das Ende einer Legende. In: Archäologie im Rheinland 1991, S. 82

43 Sophie Lange: Pfade zwischen Höhlen und Tempeln. In: Kölnische Rundschau, Eifelland. 14.03.1990
www.sophie-lange.de/matronenkult/4 kultpfade.htm

Zingsheim und das Euskirchener Land

Die Matronen und der Feybach schaffen einen Bezug zwischen Zingsheim und Euskirchen. In beiden Orten wurden Weihesteine mit gleichen Matronenbeinamen gefunden: Matronae Fachinehae.

Zingsheim: Die Fey und die Fachinehae

Im Königsfelder Tal im Weyerer Wald, im sogenannten Paradies, entspringt der Feybach, der im Volksmund die Fey genannt wird. Als solche ist sie die gute Fee der Quelle, des Baches und der Siedlungen am Bachverlauf. In den Sagen hat die Fey ihren Wohnsitz oberhalb der Quelle in einem Felsen. Sie beschützt den dortigen Wald, dessen Ruhe ihr heilig ist, und hat besonders die Tiere in der Sagenwelt unter ihre Fittiche genommen. Manchmal verwandelt sie sich in ein Tier, entweder in eine Häsin oder in ein Reh.

Am Bachverlauf haben sich – wie der Volksmund sagt – die sieben Töchter der Fey angesiedelt: Urfey, Eiserfey, Feyermühle, Burgfey, Katzvey, Satzvey und Burg Veynau. Von ferne kann die Fey die Zyklopenburg (Kakushöhle) grüßen. Nachdem sie den Mechernicher Wald und ihr bevorzugtes Spukgebiet, den Hombusch, durcheilt hat, tauchen die Katzenköpfe (Katzensteine) bei Katzvey auf, an denen in der Tat monumentale Kopfformen des geliebten Haustieres zu erkennen sind. Bei Satzvey streift die Fey kurz das Gebiet der vacallinehischen Matronen, zwängt sich dann bei der Burg Veynau durch den Billiger Wald und mündet, nachdem sie Wisskirchen und Euenheim passiert hat, im Norden Euskirchens in die Erft.

Doch zurück zu den Katzensteinen, diesen ungewöhnlichen Felsen zwischen Mechernich und Satzvey. Hier haben bereits die Römer Sandsteinplatten abgebaut, die wahrscheinlich für Steinsärge verwendet wurden. Aus den dortigen Quadersteinen wurden Altarsteine hergestellt. Das Material für manchen Matronenstein wird aus den Katzensteinen herausgeschlagen worden sein. In der Nähe des Rotsteinfelsens fand man Weihesteine

Tempel »Vor Hirschberg«, Zingsheim

an die Göttin Diana. Aus den Inschriften geht hervor, dass im ersten Jahrhundert n. Chr. dort ein kleiner Dianatempel gestanden hat.[1] Neuere Ausgrabungen belegen an dieser Stelle eine Verehrung der Matronen.

Die Grundform des Wortes Fey ist eine keltische Bacina, die Eilende, die sich zu Facina entwickelte. Diese Namensform finden wir auf Matronensteinen (Fachinehae) wieder, die jedoch nicht in unmittelbarer Nähe der Fey, sondern bei Zingsheim, etwa fünf Kilometer südöstlich der Feybachquelle, ans Tageslicht kamen. 1895 wurde erstmals über Funde von Matronensteinen an die Göttinnen aus Zingsheim berichtet. Bei Feldarbeiten westlich des Ortes am Maulbeerbäumchen (spätere Bezeichnung: Gleisiger Heck), südlich des Willenbergs, war man auf Gräber gestoßen. Bei zwei der nach Osten und Westen ausgerichteten Grabstätten fanden sich Matronen-Inschriftensteine, die in Zweitverwendung als Grabwandung gedient hatten. Die Steine waren stark beschädigt und anscheinend auf ein bestimmtes Maß zurecht geschlagen worden. Die Inschriften nannten Bauern aus einer nahen Siedlung als Stifter.

Einer der Matronensteine (44 cm hoch, 49 cm breit) hatte als Deckplatte gedient. Oben auf der Bedachung war ein Teller oder Kranz abgebildet. An beiden Seitenflächen war je ein Lorbeerbaum eingemeißelt. Die Inschrift ergänzte man auf Matronis Fachinehis Flavius Communis et Gaius (Lehner Nr. 327). Der zweite Weihestein (50 cm hoch, 50 cm breit) bestand wie der erstgenannte aus rotem, in der Eifel vorkommenden Sandstein. Oben auf dem Altar war wieder ein Teller oder Kranz erkennbar, an den Schmalseiten waren Bäume abgebildet. Mit diesem Votivstein hatte ein Crispinius ein den fachinehischen Matronen gegebenes Gelübde für sich und die Seinen voller Dankbarkeit eingelöst (Lehner Nr. 328).[2]

Fast siebzig Jahre nach diesen Funden, im Jahr 1960, machten die fachinehischen Matronen in Zingsheim wieder auf sich aufmerksam. In der Flur »Vor Hirschberg« schnitt man bei Bearbeitung eines Ödlandstreifens römische Baureste an und stieß auf Kalk- und Sandsteinbrocken mit Resten von Inschriften und Ornamenten. Die Vermutung, dass es sich hier um ein Matronenheiligtum handelte, wurde bei Ausgrabungen im Sommer 1963 bestätigt. Den Beweis, dass sich die Archäologen in einem Heiligtum befanden, lieferten Bruchstücke und Inschriftenreste, die zeigten, dass dieses Tempelchen den fachinehischen Matronen geweiht war.

Der gallo-römische Tempel von rechteckiger Gestalt bestand aus einer Cella (2,60 × 3,40 m), die von einem säulengestützten Umgang umgeben war. Die Lage des Eingangs konnte man nicht bestimmen und so öffnete man bei der Rekonstruktion den Tempel nach Südosten. Für eine flache Verdoppelung der Umgangsmauer, die sich an der Ostseite zeigte, fand sich keine Erklärung (evt. Schwelle und Eingang). Von der Fundstelle heißt es in einem ersten Grabungsbericht: »Das ganze Gelände ist ziemlich nass. Weiter nördlich liegt die Quelle, die heute Gut Hirschberg mit Wasser versorgt, und wenig östlich der römischen Bauwerke floss bis vor einigen Jahren in einer flachen Mulde eine weitere Quelle. Sie wurde inzwischen trockengelegt.«[3]

Auch hier zeigt sich, wie wichtig Quellen für den Matronenkult, auch in einem kleinen Heiligtum, waren. Im Landschaftsbild liegt die Fundstelle südwestlich von Zingsheim, etwa auf halbem Wege zwischen den Tempelbezirken von Nettersheim und Pesch. Bei Betrachtung der Lage dieser drei Matronentempel auf einer Landkarte kann man sich des Eindrucks nicht erwehren, dass diese drei Tempel eine Einheit bilden und das Gruppenbild der Matronen widerspiegeln: Zwei große Tempel nehmen einen kleinen Tempel in ihre Mitte, so wie die beiden Matronen ihre jungfräuliche Göttin beidseitig einrahmen.

Die Ausgrabung legte nur Ausschnitte eines größeren Kultbezirkes frei. Für möglich hielt man es, dass es einen hölzernen Vorgängerbau gegeben hatte. Den Tempel aus Stein datiert man ins 2. bis 4. Jahrhundert. Den Archäologen fiel auf: »Eigentümlich im Vergleich zu ähnlichen Anlagen ist, dass der verhältnismäßig kleine Tempel offensichtlich von einem weiten freien Platz umgeben war. Erst etwa 30 m nordwestlich des Tempels stießen wir wieder auf Gebäudereste.« Von den weiteren Funden des Tempelbereichs ist eine steinerne Birne erwähnenswert, die sich von einem Weihealtar oder einem Füllhorn losgelöst hatte sowie der Torso einer kleinen weiblichen Figur. Die stehende Frau hält einen Gegenstand vor dem Körper, der ein Korb mit Früchten sein könnte. Bei einer dargestellten Person könnte es sich um eine »opfernde Frau oder eine Göttin« handeln. Die Göttin hielt man für wahrscheinlicher.[4]

Nicht eindeutig einzuordnen war auch ein eindrucksvoller Mädchenkopf: »Ein etwa vierjähriges Mädchen hat lächelnd sein Lockenköpfchen nach rechts geneigt und blickt nach oben. Das lange gewellte Haar, das von einem Blütenkranz umwunden ist, fällt in dicken Strähnen auf die rechte Schulter und löst sich durch die Neigung des Kopfes von der rechten Wange. Die Stirn ist rund und niedrig, das Näschen kurz und breit, die Backen sind prall von kindlichem Lächeln.«[5] Hier stellte sich die Frage, ob dieser Kopf zu einem Grabdenkmal ge-

Querliegender Matronenstein an der St. Martinus Kirche in Euskirchen

höre oder das Kind den göttlichen Müttern zuzuordnen sei. In den wissenschaftlichen Überlegungen siegte schließlich das Grabdenkmal.

Im Frühjahr 1975 wurde der Zingsheimer Tempel erneut freigelegt und restauriert. Neue Funde waren spärlich. Stattdessen wurden Archäologen wieder in dem bekannten fränkischen Gräberfeld an der Gleisiger Heck fündig. Bei der Aufdeckung von Gräbern aus dem 7. Jahrhundert wurden zwei Weihesteine an die Fachinae gesichert. Der größte Altar aus leicht rötlichem Sandstein lag als Abdeckplatte mit der Inschrift nach unten, ein kleineres Altärchen hatte als Fundament für eine Seitenplatte gedient. Die Inschriften waren die üblichen. Lucius Chuaciionius Primus und Lucius Celeris hatten den Schutzgöttinnen ihrer Heimat ein Denkmal gesetzt.[6] Man war sich sicher, dass diese Weihesteine zu dem Heiligtum »Vor Hirschberg« gehörten und stellte dort eine Kopie des Celeris-Steins auf.

Matronensteine aus Euskirchen und Kirchheim

Auch das Euskirchener Land ist altes Kulturland. Funde aus der Römerzeit wurden besonders in Kreuzweingarten und bei Billig gesichert. Matronensteine kamen jedoch im Vergleich zum Zülpicher Land nur selten zum Vorschein. In dem Ort Kreuzweingarten, der durch den Ringwall »Alter Burgberg« und durch eine römische Villa archäologisch bekannt wurde, vermutete Pfarrer Nikola Reinartz 1928 ein römisches Tempelchen. Spätere Grabungen (1967) konnten jedoch »eine zweifelsfreie Zuordnung des Gebäudes nicht ergeben.«[7]

In Euskirchen war 1897 ein Inschriftenstein an die fachinehischen Matronen gefunden worden. Von dem Ortsnamenforscher Gerhard Mürkens ist die Fundstelle 1958 genau beschrieben worden: »Der aus Euskirchen stammende Matronenstein wurde bezeichnenderweise vor der Stadt, links von der nach Kommern führenden Landstraße, also in der Nähe des Veybaches, gefunden. Nun hat hier vor der Stadt, ungefähr in der Mitte zwischen der Ruhrschen Fabrik und dem früheren Rüdesheimer Hof, auf dem linken Ufer der Vey, eine römische Siedlung bestanden. Noch jetzt befinden sich zahlreiche römische Ziegelreste auf den Äckern verstreut. Ein Herr R. von Euskirchen sagte seinerzeit aus, er habe mehrere Karren von diesen Ziegeln weggefahren, auch habe er sonst große, seltsame Steine gefunden. Man wird nicht fehlgehen in der Annahme, dass hier vor Euskirchen auf Euenheim zu, auf dem linken Veyufer leicht zur Kommernerstraße ansteigenden Gelände, die Matrona Fachinehae von den keltischen Bauern verehrt wurden.«[8]

Auch der Euskirchener Matronenstein war als Wandung in einem fränkischen Grab benutzt worden. Auf der Schmalseite war noch ein Füllhorn zu erkennen. Die Inschrift wurde ergänzt auf Matronis Fa(c)hineihis Marcus Annius Placidus et Bassiana Quieta VSLM (Lehner Nr. 329).[9] An der gleichen Stelle entdeckte man das Bruchstück eines Viergöttersteins, auf dem Herkules und Minerva zu erkennen waren: Minerva mit rundem Schild, Ölbaum und einer Eule auf dem Knie (Lehner Nr. 95). Im Verzeichnis von Max Ihm sind für Euskirchen noch drei weitere Weihesteine an Matronis Ratheihi, Matronis Gratich und Matronis Caimineas aufgeführt (Ihm Nr. 218, 219, 220). Dazu wird kommentiert: »Diese drei Inschriften sind verschollen und schwerlich richtig abgeschrieben.«

Einen Matronenstein mit Bildnis kann man heute an der St. Martinus Kirche von Euskirchen sehen. Zu dem schräg liegenden Matronenstein ist 1911 folgendes vermerkt: »Da ist ein römischer Matronenstein, im zweiten Pfeiler des linken Seitenschiffes von der Saktistei aus gerechnet, eingemauert. Jahrhunderte hat der Stein dort Wind und Wetter über sich ergehen lassen, aber noch heute heben sich scharf aus der vertieften Nische die drei sitzenden Figuren hervor. Um ihre Häupter winden sich die charakteristischen turbanartigen Kopftrachten; die mittlere Figur ist wesentlich kleiner als die beiden ihr zur Seite sitzenden.«[10] Inzwischen ist der Matronenstein natürlich noch mehr verwittert, aber die Göttinnen sind doch noch zu erkennen.

Einen anderen Matronenstein entdeckte man 1858 in Kirchheim. Er war den Matronae Gabiae geweiht. Den Kirchheimer Inschriftenstein hatte ein Legionär der Bonner Legion namens Lucius Grandonius Clarus den »Geberinnen von guten Gaben« gestiftet. Der Name Grandorius ist keltischen Ursprungs. Die Fundstelle ist zwar angegeben, dürfte aber kaum aufzufinden sein: »Der Matronenstein wurde im Flamersheimer Walde, etwa eine Stunde von Kirchheim, einen Fuß tief unter der Erde beim Setzen von jungen Bäumen gefunden.«[11]

Angefügt seien noch zwei Matronensteine, die 1895 in das Provinzialmuseum nach Bonn kamen (Ihm Nr. 216, 217, Lehner Nr. 262,263). Gefunden wurden diese »zwischen Odendorf und Rheinbach nahe der Bahnlinie (Strecke Bonn-Euskirchen) und dicht an der von Palmersheim kommenden Römerstraße«. Die Inschriften nennen die Göttinnen Aserecinehis, die auch aus einer Weihung aus Odenhausen bei Berkum vorkommen (Ihm Nr. 197).

Am Kaiserstein zwischen Billig und Rheder

In alten Berichten von der Zeit um 1850 wurde immer wieder darüber geklagt, dass Fundstellen zu ungenau oder überhaupt nicht angegeben wurden. Dadurch kamen häufig Unklarheiten und Verwechslungen vor. Lehner nennt 1918 bei den Matronensteinen, die im Besitz des Provinzialmuseums sind, einen Weihestein, der eine bruchstückhafte Inschrift trug, die man wie folgt ergänzte: Matronis Aufaniabus et T(L)iberius Victor ex imperium pro se et suis LM. Der Altar soll in einem Grab gestanden haben, in welchem zwei Skelette in umgekehrter Richtung nebeneinander liegend gefunden wurden. Lehner ordnete diesen Stein Zülpich zu (Lehner Nr. 314). Bei Ihm ist der Fundort des Steins (Nr. 223) mit »Rheder bei Euskirchen« angegeben. C. A. Eick (1867) nennt diesen Matronenstein mit anderen Funden, die zwischen Billig und Rheder gemacht wurden. Während er das Datum des Fundes nicht angibt, beschreibt er die Fundstelle sehr genau: »Auf dem Ausläufer des Gebirgszuges zwischen Feybach und Erft liegt zwischen den beiden Dörfern Rheder und Billig eine äußerst gesegnete Feldflur, die unter dem Namen »Am Kaiserstein« weithin im Lande bekannt ist. Bezüglich seiner Lage wird dieser Fund von keinem anderen am Fuße des Eifelgebirges mehr übertroffen, und selbst die Aussicht von den Trümmern Zülpichs, von der Hohenburg oder dem Tomberge kann nicht in Vergleich kommen zu dem prachtvollen Anblicke, der von hier aus dem Wanderer geboten wird. So weit das Auge reicht, tauchen aus den Saatgefilden und Wiesengründen die Türme der Städte und Dörfer auf und ein hoher Kranz von Waldungen, überragt von den blauen Kuppen der Siebengebirge, schließt rings die herrliche Fernsicht.«[12]

Dort auf dem Kaiserstein im römischen Belgica trafen drei Straßen zusammen; die Straße von Marmagen kommend nach Wesseling sowie Abzweigungen nach Bonn und nach Zülpich. Erstmals 1821 und später 1874–1879 hat man am Kaiserstein Funde gemacht, darunter auch Göttersteine; neben Statuen an Jupiter und den genius loci auch an die Göttin Diana. Ein Altarstein für den persischen Lichtgott Mithras (Lehner Nr. 220) war von Julia Paterna gestiftet, die »soviel Schulbildung besaß, dass sie in ihren Inschriftentext einen Hexameter einschob.«[13] Dieser Julia Paterna wurde von ihrem Gatten ein Grabstein gesetzt (Lehner Nr. 784). Ein anderes aufgefundenes Grabdenkmal war »mit einem Relief mythologischen Inhalts geschmückt«. Es zeigt eine Darstellung der Hesione, die in der griechischen Mythologie durch Herakles von dem Untier befreit wird. Diese Monumente dokumentieren, dass die Bewohner von Belgica gebildet und wohlhabend waren. Das Oberteil eines Matronenaltars fand man 1898 beim Abbruch der alten Kapelle in Billig. Lucius Licinius Severis hatte den Altar den Chandrumanehae geweiht. Dieser Matronenname ist ansonsten nicht bekannt.

Quellenangaben: Zingsheim und Euskirchener Land

1 Vgl. Walter Sölter: Die roten »Katzenköpfe«, ein römischer Steinbruch an den Katzensteinen bei Mechernich-Katzvey, Kreis Euskirchen. In: Ausgrabungen im Rheinland 1976, S. 114

2 Vgl. Josef Klein: Matronensteine aus Zingsheim. In: BJ 86/87, 1895, S. 150–160

3 Walter Sage: Ein neues Matronenheiligtum in Zingsheim, Kreis Schleiden, in BJ 164, 1964, S. 298

4 Dr. Walter Sage: Bodendenkmalpflege im Landkreis Schleiden. In: Heimatkalender Kreis Schleiden 1966, S. 36

5 Harald von Petrikovitz: Ein Mädchenkopf und andere Plastiken aus dem Heiligen Bezirk in Zingsheim. In: BJ 165, 1965, S. 192

6 Vgl. Antonius Jürgens: Grabungen und Restaurierungen archäologischer Denkmäler in Nettersheim. In: Rheinische Ausgrabung '76, Januar 1977, S. 84–97 und S. 108–109

7 Johann Regh: Römisches Tempelchen oder Benfinziarposten. In: Kreuzweingarten-Rheder-Billig, 1969, S. 31

8 Gerhard Mürkens: Die Ortsnamen des Kreises Euskirchen, Euskirchen 1958, Seite 20

9 Vgl. Klein: Euskirchen, in BJ 102/103, 1898, S. 180

10 Heinrich Kessel: geschichts- und Wetterspuren an der alten Pfarrkirche in Euskirchen. In: Beiträge zur Geschichte der Stadt Euskirchen und Umgegend, 1911, S. 125

11 Annalen des historischen Vereins für den Niederrhein, Köln 1859, S. 213

12 C. A. Eick: Die römische Wasserleitung aus der Eifel nach Köln, Bonn 1867, S. 78

13 H. v. Petrikovits: Belgica. In: Führer zu vor- und frühgeschichtlichen Denkmälern, Teil II, Band 26, S. 146

EPILOG

Was der Wind erzählt

Es war ein heißer Sommertag gewesen; brüllend heiß und drückend schwül. Erst als die Abendkühle durch die Täler schlich und ein frischer Lufthauch über die Höhen strich, entschlossen wir uns zur Görresburg hinaufzufahren. Ich war längst nicht mehr so gut zu Fuß wie zu Beginn meiner Matronen-Liaison, und so hatte eine Freundin meinen Rollator in den Kofferraum gepackt, und wir waren durch das grüne Urfttal hinauf zum Matronentempel bei Nettersheim gefahren. Hier oben war es noch immer wohltemperiert, und ich fragte mich mal wieder, was unsere Vorfahren – wer immer sie gewesen sein mögen – sich dabei gedacht hatten, eine Siedlung und einen Tempel an einem so exponierten Platz zu errichten: An einem Ort, wo im Hochsommer die Sonne erbarmungslos brannte und im Winter Eis und Schnee ihre Macht demonstrierten – und der Wind zu jeder Jahreszeit sein keckes Spiel spielte.

Von hier oben hatten wir einen herrlichen Blick über die mageren Wiesen bis jenseits des Tales zu den dunklen Wäldern. Ja, hier gab es einmal ein Fleckchen Erde, das keltisch anmutete, mystisch, magisch, und wo der Wind durch hohes Gras einen munteren Tanz zelebrierte. So war es lange Zeit gewesen, aber jetzt war alles anders. Der Hang bis zum Tal hinunter war inzwischen touristisch erschlossen, mit Römerstraße, Streifenhäusern und kurz geschorenem Rasen. Von unten gelangt man nun über eine Holzbrücke zu einem Kleinkastell. Römisch annektiert – so wie es zur Zeit der Römer wahrscheinlich gewesen war.

Wir schauten traurig über die neue Landschaft. Der Wind frischte auf. Aufgebracht schien er auszurufen: »In ein paar Jahren weiß kein Mensch mehr, wie geheimnisvoll es hier einmal aussah.« Vergangen, vergessen, vorbei! Nur der Wind wird immer das Lied von alten Tagen singen.

Durch die Wiese betraten wir das Terrain der Tempelanlage – etwas schwierig mit dem Rollator. Wir kreuzten den Touristenaufgang und strebten der kleinen Anhöhe zu. Hier lagen seit einigen Jahren Steinquader, die Sitzgelegenheit anbieten. »Windhügel« nenne ich dieses Fleckchen Mutter Erde. Denn hier ist er zu Hause, der Sommerwind. Und auch jetzt ist er hier und empfängt uns. Nachdem wir uns an einen Rundblick berauscht hatten, begleitete der Wind uns bis zum Tempel. Am Eingang blieben wir stehen, denn ohne ein vorhergegangenes Innehalten sollten wir nicht über die Schwelle in den heiligen Bereich hineinstolpern.

Jetzt hörten wir ein geheimnisvolles Flüstern, das über den Platz schwebte. Der Wind erzählte: Von den Kelten und der römischen Besatzung. Von Glanzzeiten und vom Untergang, und wie dann alles langsam verfiel, bis nur noch eine Wiese mit holprigen kleinen Hügeln blieb. Nach vielen Jahrhunderten tat sich dann etwas hier oben am Platz der Göttinnen. Zuerst kamen Bauern, die Baumaterial abtransportieren, und dann 1909 Archäologen, die römisches Fundmaterial sicherten. Dann wieder Ruhe auf dem Platz. Gras und Sträucher wuchsen, bedeckten alles, bis von keltischen oder römischen Anlagen nichts mehr zu sehen war. Aber vergessen war der Platz nicht, denn eine magische Ausstrahlung ließ hier Menschen immer wieder verwundert innehalten.

Und dann: Endlich wieder Ausgrabungen 1976/77. Grundrisse wurden sichtbar gemacht, Mauern ansatzweise hochgezogen,

Matronen-Weihesteine aufgestellt. »Hier nahe am Eingang standen doch immer drei Matronensteine«, überlegten wir. Ja, man hatte 1977 argumentiert, dass diese Weihesteine den Menschen schon beim Eintritt deutlich machen sollten, dass sie ein Heiligtum betraten. Das Buch »Wo Göttinnen das Land beschützten«, dessen Neuauflage Sie jetzt in Händen halten, lockte viele Besucher an. Vor allem Frauen kamen, brachten Opfergaben zu den drei Weihesteinen, zelebrierten Rituale, tanzten zur Ehre der Mutter Erde, sangen im Einklang mit dem Wind. Und noch etwas ist wichtig zu erzählen: »Mit Stolz verhinderten 2010 regelmäßige Besucher*innen die Verschandlung des heiligen Ortes durch einen geplanten massiven Kubusklotz«, berichtet der Abendwind.

Doch nach der nächsten Ausgrabung (2009–2013) wurden die alten Altarsteine entsorgt, nur der Holunderstrauch durfte am angestammten Platz bleiben. Neue unansehnliche Steine mit ausdruckslosen Figuren wurden an der Seitenmauer aufgestellt, dort wo sie bei den ersten Ausgrabungen gefunden worden waren. Nur noch ein alter Stein steht an der Rückmauer. Dorthin legte ich – wie schon so oft – einen von zu Hause mitgebrachten Apfel auf den Schoß der äußeren Göttin. Die letzten Sonnenstrahlen ließen ihn erstrahlen. Hier ließen wir uns jetzt nieder, ich auf dem Sitz des Rollators, meine Freundin auf dem Boden, der noch immer Tageswärme abstrahlte. Und hier blieben wir lange sitzen, wurden eins mit der schleichenden Dämmerung und lauschten dem Wind. Er weiß so viel zu erzählen.

Sophie Lange (1936–2023), geboren in Aachen, machte die Eifel zu ihrer Herzensheimat. Seit 1962 lebte sie in der Nordeifel und widmete sich in zahlreichen Sachbüchern, Zeitungs- und Zeitschriftenartikeln der Geschichte dieser Region. Ihr besonderes Interesse galt dabei dem Wirken von Frauen und der überlieferten Lebensweisheit. Bei ihren Recherchen begegnete sie auf einem Hügel bei ihrem Heimatdorf Nettersheim den von Kelten und Römern verehrten Matronen, die dort als Göttinnen das Land beschützten.